幽暗意識與民主傳統

張灝 著

前言

這幾年來零星地寫了幾篇文章，現在承聯經的好意，收在這本小集子裡。

這些文章沒有什麼共同的主題，多半是記錄我對時代的一些感受和對傳統的一些反省。用《幽暗意識與民主傳統》作為書名，無非是因為這篇文章最能代表我近年來的感受和反省的方向。如果這些感受和反省能對中國知識分子今天面臨的問題有些微的澄清作用，我就很滿意了。

作者於一九八八年冬

目次

一

幽暗意識與民主傳統

不論是在西方或者非西方，一般人對自由主義常常有這樣一個印象：自由主義是相信人性是善的，是可以變得完美無缺的；它對整個世界的未來，人類的前途，是充滿著無限的樂觀和信心的。總而言之，在普通人的心目中，自由主義是近代西方人文思想所孕育出的一種理想主義。

這種印象的形成，並非偶然。因為十八世紀以來，西方自由主義是深受啟蒙運動的樂觀精神的影響。但不可忽略的是，自由主義還有另外一個思想層面。在理想上，它保持著自由主義傳統的一些基本原則，因此，它珍視人類的個人尊嚴，堅信自由與人權是人類社會不可或缺的價值。但它同時也正視人的罪惡性和墮落性，從而對人性的了解蘊有極深的幽暗意識。因此這種自由主義對人類的未來是抱持著希望的，但這希望並不流於無限的樂觀和自信。它是一種充滿了「戒慎恐懼」的希望。這種把對人類的希望和幽暗意識結合起來的自由主義，並不代表西方自由主義的全貌，但從今天看來，卻是最有意義，最經得起歷史考驗的一面。這篇文章就是要把西方自由主義的這一面和幽暗意識之間的關係作一些整理和介紹[1]，同時以此為借鏡，希望對傳統儒家的人性論和政治思想作一些釐清和反省。

首先我得對幽暗意識在觀念上作一些交代。所謂幽暗意識是發自對人性中或宇宙中與始俱來的種種黑暗勢力的正視和省悟：因為這些黑暗勢力根深柢固，這個世界才有缺陷，才不能圓滿，而人的生命才有種種的醜惡，種種的遺憾。

這種對人生和宇宙中陰暗面的正視，並不代表價值上的認可。實際上，這種幽暗意識是以強烈的道德感為出發點的，惟其是從道德感出發，才能反映出黑暗勢力之為「黑暗」，之為「缺陷」。因此它和中外文化傳統中各種形形色色的現實主義，如中國的法家，西方思想家如馬基維利（Machiavelli）與霍布士（Thomas Hobbes）等人的學說，在精神上是迥異其趣的，同時它也和西方現代的功利主義和道德唯我論（ethical egoism）有著很大的不同。後者在價值上接受人的私慾和私利，而以此為前提去考慮個人與社會的問題，而幽暗意識卻在價值上否定人的私利和私慾，然後在這個前提上求其防堵，求其疏導，求其化彌。因此它對現實人生，現實社會常常含有批判的和反省的精神。

在許多古老文明裡，我們都可或多或少地找到這種幽暗意識。比較而言，它在印

---

1 在作者所見到有關此問題的英文書籍中，尚無有系統的專著，因此幽暗意識與西方民主傳統之間的關係，在歐美學術界，也是一個極待釐清的問題。

度與西方文化中特別深厚。印度文化的基本精神是出世的，因此它的幽暗意識雖然深厚，卻未能對政治社會的發展有正面和積極的影響。而西方文化中的幽暗意識，卻經由入世精神的發展，對政治社會，尤其是自由主義的演進，曾有極重要的影響。

一、幽暗意識與西方民主傳統

我們都知道，西方傳統文化有兩個源頭，希臘羅馬的古典文明和古希伯來的宗教文明。希臘羅馬思想中雖然有幽暗意識，但是後者在西方文化中的主要根源卻是古希伯來的宗教。這宗教的中心思想是：上帝以祂自己的形象造人，因此每個人的天性中都有基本的一點「靈明」，但這「靈明」卻因人對上帝的叛離而汩沒，由此而黑暗勢力在人世間伸展，造成人性與人世的墮落。在古希伯來宗教裡，這份幽暗意識是以神話語言表達出來的，因此，如果我們只一味拘泥執著地去了解它，它是相當荒誕無稽的。但是我們若深一層地去看它的象徵意義，卻會發現這些神話也含有著一些可貴的智慧。其中最重要的一點所反映出對人性的一種「雙面性」了解——一種對人性的正負兩面都正視的了解。一方面它承認，每個人，都是上帝所造，都有靈魂，故都有其不可侵犯的尊嚴。另一方面，人又有與始俱來的一種墮落趨勢和罪惡潛能，因為人性這種雙面性，人變成一種可上可下，「居間性」的動物，但是所謂「可上」，卻有其限度，人可以得救，卻永遠不能變得像神那樣完美無缺。這也就是說，人永遠不能神化。而另一方面，人的墮落性卻是無限的，隨時可能的。這種「雙面性」、「居間性」的人性觀後來為基督教所承襲，對西方自由主義的發展曾有著極重要的影響。

此處需要順便一提的是，基督教與西方自由主義的形成和演進是有著牢不可分的關係，這在西方已為歐美現代學者所共認。美國政治思想史權威佛德烈克（Carl. J. Friedrich）教授就曾著論強調：西方的自由憲政，從頭至尾就是以基督教為其主要思想背景。至於西方民主憲政與希臘羅馬的淵源，他則完全不予重視，此一論斷雖有可議之處，但是基督教與西方近代，尤其英美式的自由主義有著極深的關係，則為不爭之論[2]。

基督教對自由主義的貢獻當然是多方面的，而它的人性論，卻毫無疑問是它最重

2 見Carl J. Friedrich, *Transcendent Justice, The Religious Demension of Constitntionalism*（Duke University Press, 1964）.

要的貢獻之一。必須指出的是：基督教在這方面向來最受一般研究自由主義的學者所強調的是它對人性中的「神靈」（devine spark）和理性的肯定，由這一基本信念，不但進而肯定個人的尊嚴，而且也肯定人類有共同的價值，可以恪遵共同的法則，共營政治社會生活。這些信念和肯定，在歐洲近代初期變成「自然法」的一個重要源頭，而「自然法」對近世自由憲政的重要性則是西洋史上眾所熟知的事實。

可是上面所說的貢獻只代表基督教人性觀中的一面，如前所說，它還有另一面——它的現實性，它的幽暗意識。誠然這幽暗意識對自由主義的促進不似基督教對人性積極的肯定那樣直接，那樣明顯。但是和後者配合起來，也曾對自由主義的推動，發揮不可忽視的功能。這種功能，大略說來，可從基督教的幽暗意識的兩個思想層面去看。

首先，以幽暗意識為出發點，基督教不相信人在世界上有體現至善的可能，因為人有著根深柢固的墮落性，靠著自己的努力和神的恩寵，人可以得救，但人永遠無法變得完美無缺。這份完美無缺，這份至善，只有神有，而人神之間是有著不可逾越的鴻溝。因此，從基督教看來，人既不可能神化，人世間就不可能有「完人」。這種人性觀，對於西方政治文化有著極重要的後果。我們知道，在基督教以外的一些文化裡，如中國的儒家傳統，希臘的柏拉圖思想，解決政治問題的途徑往往是歸結到追求一個完美的人格作為統治者——這種追求「聖王」和「哲王」的觀念，因為它和幽暗意識相牴觸，在基督教傳統裡，便很難產生。

其次，幽暗意識造成基督教傳統重視客觀法律制度的傾向。人性既然不可靠，權力在人手中，便很容易「氾濫成災」。因此，權力變成一種極危險的東西。大致而言，歷史上解決權力問題的途徑可分兩種，一種是希望執掌權力的人，透過內在道德的培養，由一個完美的人格去淨化權力。另一種是求制度上的防範。前面說過，從基督教的人性論出發，很難走上第一種途徑，剩下來自然只有第二種途徑。基督教的思想家，不論新教或舊教，思考人類的政治問題時，常常都能從客觀的法律制度著眼，絕非偶然！

幽暗意識的這兩項功能，可以從西方自由主義演進史中的一些具體史實去作更進一步的說明：

（一）西方自由主義的早期發展

這一發展是以十七、八世紀的英美自由憲政運動為主幹。而這一主幹的發展從起始就和基督教的新教，尤其和新教中的加爾文教派（Calvinism）有著密切的關係，我們若對這些關係稍作探討，便不難看出幽暗意識的歷史意義。

加爾文教派在十六、七世紀的英國發展成為所謂的清教徒教會（Puritan Church）。清教徒的教義含有極強烈的幽暗意識，主要因為它的整個教義是環繞著人神對比的觀念而展開。神是至善，人是罪惡。人既然沉淪罪海，生命最大的目的便是企求神恕，超脫罪海，獲得永生。這種思想，應用到政治上，演為清教徒的互約論（covenantal theology）[3]，人的社會乃是靠兩重互約建立，一是人與神之間的互約。一方面人保證服從神意，謹守道德；另一方面，基於人的承諾，神保證人世的福祉和繁榮，在這人神互約之下，人們彼此之間又訂下了進一步的信約，言明政府的目的乃是阻止人的墮落，防制人的罪惡。在這一大前提下，政府的領袖如果恪遵神意，為民造福，則人民接受其領導，若他們不能克制自己的罪惡性，因而違反神意，背叛信約，則人民可以起而驅逐他，否則整個社會，必獲神譴，而蒙受各種天災人禍。總而言之，清教徒的幽暗意識隨時提醒他們：道德沉淪的趨勢，普遍地存在每個人的心中，不因地位的高低，權力的大小，而有例外，就人的罪惡性而言，人人平等！因此，他們對有權位的人的罪惡性和對一般人的墮落性有著同樣高度的警覺。這份對有權位的人的罪惡性的警覺是清教徒自由思想中很重要的一環，在清教徒的文獻中，不時流露出來。例如，英國十七世紀的大詩人，約翰・米爾頓（John Miton）也是一位清教徒的思想領袖，他就曾說過這樣的話：「國王和行政首長，他們既然是人，就可能犯罪過，因此他們也必須被置於人民所制定的法律管制之下。」[4]這種話，出自一位清教徒絕非偶然！

如上所述，幽暗意識在清教徒的自由憲政思想中有著極重要的地位，而這種自由憲政思想是造成十七世紀中葉清教徒革命的原動力。這一革命雖然後來失敗，它在思想上的影響卻非常深遠。首先，有近代自由主義之父之稱的約翰・洛克（John Locke），早年就曾感染過清教徒革命所產生的共和憲政思想。而且不應忘記的是：洛克本人也是一位加爾文教徒。因此他的自由主義思想不僅只代表歐洲的人文理性主義，而且也植根於基督教的新教教義。佛德烈克教授曾經指出：自由主義的一個中心

3　見Edmund S. Morgan所編*Puritan Political Ideas, 1558-1794*（The American Heritage Series, 1965）, Preface, Part 1與Part 2。

4　見William Haller, *Liberty and Reformation in Puritan Revolution*（New York, 1955）第十章。

觀念——「政府分權，互相制衡」的原則就是反映基督教的幽暗意識[5]。因為人性既然不可靠，防止專制暴政的最好方法就是把權力在制度上根本分開，避免政府中任何一個部門有過多的權力，而政府領袖攬權專政的危險也就在制度上無形中化解了。

清教徒的自由憲政思想，除了直接間接有造於英國早期的自由主義，此外還有一層更深遠的影響。原來清教徒在英國國內因為宗教意見之不同，受著英國國家教會的迫害，於十七世紀初期開始移民北美，十七世紀中葉清教徒革命失敗後，移民繼續增加，造成日後所謂的新英格蘭殖民地。在這片新大陸的土地上，清教徒不但可以自由地傳播他們的宗教信仰和政治社會思想，而且還可以把這些信仰和思想付諸實現。值得注意的是：「新英格蘭」在當時是整個北美移民地的思想中樞，因此，清教徒的思想不但籠罩新英格蘭一區，而且也在整個北美殖民地普遍地散布。

前面提到，清教徒的政治社會觀的中心觀念是含有極強烈幽暗意識的互約論，由此而產生的自由憲政思想就是日後美國革命建國的一個重要思想泉源[6]。這裡必須指出的是：十八世紀歐洲盛行的啟蒙運動思想傳入北美洲，對當時殖民地的思想界，曾產生了相當大的衝擊。但是晚近治美國史的學者多半都認為啟蒙運動的影響，還是不能與英國十七世紀清教徒革命時所產生的自由憲政思想相比，尤其重要的是，啟蒙運動所強調的人性可臻至善的觀念，迄未能將清教徒所遺留下來的幽暗意識取而代之。因此，在表面上，美國革命的思想主流誠然是接受了歐洲啟蒙運動的人文理性主義，但骨子裡基督教那份對人性墮落的警覺仍然在繼續發酵。約翰・亞當（John Adams）便是一個好例子。他是美國開國後的第二任總統，同時也是當時知識界的重鎮，在他的思想裡就時時表現出他對人性陰暗面的體驗與警惕。因此，美國的自由主義在建國之初即與歐洲大陸受了啟蒙運動強烈影響的自由主義有著重要的不同[7]。

5 Friedrich這一論點，若專指洛克的思想而言，則頗有問題，因為史家尚無證據顯示洛克的「政府分權」這一觀念是特別來自基督教的罪惡意識。但重要的是：此一觀念並非完全始於洛克，前於洛克的英國思想家如James Harrington即已有此思想。因此，就佛氏的觀點，稍加修正，我們或者可以說：Harrington與洛克這些人，浸沉於基督教思想的範圍中，受幽暗意識有意無意的影響，因而有政府分權以防專制的構想。

6 見前引Morgan的*Puritan Political Ideas*一書，頁三〇五—三三〇，讀者也可參看Morgan所寫之“The American Revolution Considered as an Intellectual Movement”一文。此文發表於Arthur M. Schlesinger and Morton White所編之*Paths of American Thonght* (Sentry edition) pp. 11-13.

7 就以美國「開國諸父」中受歐洲啟蒙運動影響最深的傑佛遜而言，他所表現的樂觀精神也是相當「收斂」的。例如他曾說過：“Although I do not with some enthusiasm believe that the human condition will

美國早期的自由主義的結晶就是它的憲法。誠如英國史學家布萊士（James Bryce）所說，當美國「開國諸父」（Founding Fathers）於一七八七年的夏天聚集在費城草擬憲法時，他們的思想是帶有很濃厚的幽暗意識的。他們對他們新建的國家充滿著希望，但在希望中他們仍能正視現實，他們的基本精神是理想主義，但這份理想主義卻含藏著戒慎恐懼的現實感[8]。

這份高度的現實感在當時影響最後憲法制定極大的「聯邦論文」（Federalist Papers）有充分的流露，例如曾經參與撰寫「聯邦論文」的漢彌兒頓（Alexander Hamilton）就曾說過：「我們應該假定每個人都是會拆爛汙的癟三，他的每一個行為，除了私利，別無目的。」更重要的是麥迪遜（James Madison）在「聯邦論文」中所發表的文字。麥氏素有美國「憲法之父」之稱，在他看來，結黨營私是人類的通性，我們必須正視這通性的存在。他曾提出一個很有意義的問題：「政府之存在不就是人性的最好說明嗎？如果每一個人都是天使，政府就沒有存在的必要了。」乍聽之下，這句話簡直好像出自一位基督教神學家之口！

是這份對人性的現實感使麥迪遜深感政府的權力不能集中，集中之後，以人性的自私自利，必然會有暴政的出現。權力集中在一個人手裡，固然會造成獨裁專制，集中在大多數人手裡，也會產生欺壓少數人的民主專政。阻止權力集中的最好辦法就是「權力分置，互相制衡」這一制度。他認為，有了這種制度之後，社會上各種團體結黨營私也無妨，因為他們自私自利的行為可以互相抵銷，互相牽制，而公益共利因之也仍然可以實現。易言之，一個個自私自利之人結合在一起可以化為一個完善的群體。「權力分置，互相制衡」這一制度的妙用就在此[9]！

---

ever advance to such a state of perfection as that there shall no longer be pain or vice in the world, Yet I believe it susceptible of much improvement, and most of all, in matters of government and religion, and that the diffusion of knowledge among the people is to be the instrument by which it is to be effected."見*Ideas in America: Source Readings in the Intellectual History of the United States*, ed. by Gerald N. Grob and Robert N. Beck (New York, 1970).

8 布萊士曾說過這樣的話："American government is the work of men who believed in original sin and were resolved to leave open for transgressors no door which they could possibly shut……The aim of the Constitution seems to be not so much to attain great common ends by securing a good government as to avert the evils which will follow not merely from a bad gov rnment but from any government strongenough to threaten the pre-existing Communities and indicidual Citizens."見James Bryce, *The American Commonwealth* (New York, 1889),vol. 1, p. 306.

9 見Arthur O. Lovejoy, *Reflections on Human Nature* (The Johns Hopkins University Press, 1961)，第二章

麥迪遜這些想法日後變成美國憲法的基本原則。時至今日，美國立國已逾兩百年，這部憲法顯然是一部可以行之久遠的基本大法。而其所以能行之久遠的一個重要原因，則不能不歸功於美國「開國諸父」當年的幽暗意識[10]。

（二）近代自由主義對權力的警覺

前面曾經指出，十八世紀以後，西方自由主義的人性論，因為啟蒙運動的影響，時時呈現濃厚的樂觀色彩；許多自由主義論者都認為人可以變得十全十美，人類社會可以無限地進步，但是，正視人性陰暗面的現實感並未因此消失，在自由主義的傳統中仍然有其重要的地位。這份現實感，雖然有不同的來源，但毫無疑問地，西方傳統的幽暗意識是其重要源頭之一。歐美知識分子，本著這份幽暗意識，對人類的墮落性與罪惡性，時時提出警告，對自由主義在現代世界所面臨的種種挑戰和陷阱，時時喚醒警覺。這是近代自由主義很重要但常受人忽視的一個層面。我們可以英國十九世紀的阿克頓爵士（Lord Acton）為例證，對近代自由主義這一層面稍作說明。

阿克頓是英國十九世紀晚期的大史學家，出身貴族世家，是一位天主教徒，他對史學最大的貢獻是創編有名的《劍橋近代史》。與許多大史家一樣，他對歷史有他獨特的史觀。在他看來，自由是人類最珍貴的價值，而人類一部歷史也就是這價值的逐漸體現。但他並不是一位單純的歷史樂觀論者，他與當時的許多歷史學家和思想家不同，他並不認為人類的歷史和未來就是一個單線的進化；對於他而言，自由在歷史體現的過程，是迂迴的、曲折的、艱難的，當他迴視人類的過去，他所看到的是血跡斑斑！黑暗重重！因此作為一個史學家，他說他無法一味地肯定和歌頌人類過去的成就，站在自由主義的立場，他必須批判歷史、控訴歷史。

阿克頓爵士這種對歷史的看法是來自他基督教的背景。這種對歷史陰暗面的敏感和正視，他歸功於基督教原罪的觀念。他曾借著別人說的一段話來表明他對基督教幽暗意識的感受：「一個基督徒由於他的信仰，不得不對人世的罪惡和黑暗敏感。這種敏感，他是無法避免的。基督教對人世間罪惡的暴露可以說是空前的。我們因此才知

"The Theory of Human Nature in the American Constitution and the Method of Counterpoise," pp. 37-66.

10 關於美國「開國諸父」的思想中的現實感，到底有多少成分來自傳統基督教的幽暗意識，學者尚在爭論中。有一些學者認為這份現實感來自他們對當時的政治和社會的觀察。但問題是：政府的腐敗，執政者的貪權，發生於每一個社會，為何美國的「開國諸父」獨對這些現象有著特別強烈的感受與反應？從這一個角度看去，他們的清教徒背景顯然是一個很重要的因素。

道罪惡的根深柢固，難以捉摸和到處潛伏。基督教的神示（revelation）一方面是充滿了慈愛和寬恕，另一方面也惡狠狠地晾出了人世的真相，基督教的福音使罪惡意識牢繫於人心……他看到別人看不見的罪惡……（這種）原罪的理論使得基督徒對各種事情都在提防……隨時準備發覺那無所不在的罪惡。」[11]

基督教的幽暗意識不但使阿克頓爵士對歷史的種種黑暗面有著普遍的敏感，同時也使他對人世間權力這個現象有著特別深切的體認。在他看來，要了解人世的黑暗和人類的墮落性，最值得我們重視的因素就是權力。從來大多數研究權力的學者認為權力是一個中性的東西，它本身無所謂好壞和對錯。因此要談權力的道德意義，必須落實於權力行使的具體環境，就這具體環境然後可予權力以道德的評價。但是阿克頓爵士卻並不採取這樣一個看法。因為人性本具罪惡性，權力，既是由人而產生，便有它無法消解的毒素。

從上面這種權力觀，阿克頓爵士得到這樣一個結論：地位越高的人，罪惡性也越大。因此教皇或國王的墮落性便不可和一般老百姓同日而語。他曾經很斬釘截鐵地說過這樣一句話：「大人物幾乎都是壞人！」是在這樣一個思想背景之下，他寫下了那句千古不朽的警句：「權力容易使人腐化，絕對的權力絕對會使人腐化。」（Power tends to corrupt and absolute power corrupts absolutely.）[12]

不但位高權重的個人有受權力腐化的趨勢，就是在一個民主的社會也時有這種危機，因為占大多數的群眾（majority），仗恃他們的人多勢眾，投起票來，穩操勝算，常常會利用這種勢力欺壓凌暴少數人（minority）。這是現代民主制度所常見的內部危機，而阿克頓爵士早在十九世紀即有此警惕！誠如他說，基督教的原罪意識使他「對各種事情都在提防，隨時準備發覺那無所不在的罪惡！」

二、幽暗意識與儒家傳統

前面提過，幽暗意識並非西方傳統所獨有；在世界所有古老文明中，幾乎都有它的存在，中國傳統文化也不例外。只是幽暗意識表現的方式和含蘊的深淺有所不同而已。但這不同的方式和程度卻對中國傳統的政治文化有著深遠的影響。這是一個很複

11 Lord Acton, *Essays on Freedom and Power*（The Beacon Press, 1948）序言, pp. 14-15.

12 見Lord Acton於一八八七年，致Mandell Creighton函，見上引*Essays on Freedeom and Power*, p. 364.

雜的問題，在這裡我只準備作一個簡單的討論。

儒家思想與基督教傳統對人性的看法，從開始的著眼點就有不同。基督教是以人性的沉淪和陷溺為出發點，而著眼於生命的贖救。儒家思想是以成德的需要為其基點，而對人性作正面的肯定。不可忽略的是，儒家這種人性論也有其兩面性。從正面看去，它肯定人性成德之可能；從反面看去，它強調生命有成德的需要就蘊涵著現實生命缺乏德性的意思，意謂著現實生命是昏暗的、是陷溺的，需要淨化、需要提升。沒有反面這層意思，儒家思想強調成德和修身之努力將完全失去意義。因此，在儒家傳統中，幽暗意識可以說是與成德意識同時存在，相為表裡的。

這兩者之間的關係在原始儒家已可清楚的看出。要談原始儒家，當然從論語開始。從正面看去，整個《論語》一書是被成德意識所籠罩。但是換一個角度去看，周初以來的「憂患意識」也貫串全書[13]。孔老夫子，栖栖皇皇，席不暇暖，誠如他所說，是因為「天下無道」。但是細繹論語中「天下無道」這一觀念，可以看出憂患意識已有內轉的趨勢，外在的憂患和內在的人格已被聯結在一起。這內轉的關鍵是孔子思想中「道」的觀念。「夫子之道，忠恕而已矣」，「人能弘道，非道弘人」。論語中這些顯而易見的話，已清楚地顯示：孔子所謂的道，已不僅指外在超越的天道，它也意謂著人格內蘊的德性。透過這一轉化，孔子已經開始把外在的憂患歸源於內在人格的昏闇。易言之，論語一書中已非完全承襲周初以來的憂患意識，憂患意識已漸漸轉化成為「幽暗意識」。

孔子以後，幽暗意識在原始儒家裡面有更重要的發展，主要因為成德和人性之間的關聯變成思想討論的焦點，荀子在這方面的思想當然是最為突出的。他的性惡論就是對人性的陰暗面作一種正面的抉發。但荀子思想的影響，對後世儒家傳統的形成，尤其就宋明儒學的主流而言，不夠重要，重要的是孟子，可是孟子在這方面的思想卻是相當間接而曲折的，需要一點分疏。

談到孟子，首先必須指出的是：他對成德這個問題是採取「正面進路」，他的中心思想是個人成德之可能，因此強調人有天生的「善端」，本此善端，加以擴充，便可成德，於是而有「人人皆可以為堯舜」的結論。不可忽略的是，孟子這種「正面進路」和樂觀的人性論尚有另外一面。不錯，孟子是特別強調人的善端，但他同時也深知這善端是很細微的。「人之異於禽獸者幾希！」這個「幾希」固是孟子對成德採取

13　徐復觀，《中國人性論史》，〈先秦篇〉，頁二〇—三二。

樂觀之所本。但也道出了他對人性的現實感。而就是本著這份現實感，後世儒者像王夫之才有「君子禽獸，只爭一線」的觀念；曾國藩才說出：「不為聖賢，便為禽獸」這種警語。

因此，我們可以說：與孟子之樂觀人性論相伴而來的是一種幽暗意識。儘管這種意識表現的方式常常是間接的襯映，或者是側面的影射，它仍顯示孟子對人性是有警覺、有戒懼的。只有本著這份警覺與戒懼，我們才能了解為何《孟子》一書中一方面肯定「人人皆可為堯舜」，強調人之趨善，「如水之就下」，而另一方面卻時而流露他對成德過程的艱難感，為何他要重視「養心」、「養氣」等種種的工夫。最重要的是他的幽暗意識與他樂觀的人性論相揉合而造成他思想中另一重要層面，《孟子》裡面有一段話很清楚地點出這層面：公都子問曰：「鈞是人也，或為大人，或為小人，何也？」孟子曰：「從其大體為大人，從其小體為小人。」曰：「鈞是人也，或從其大體，或從其小體，何也？」曰：「耳目之官，不思而蔽於物，物交物則引之而已矣。心之官則思，思則得之，不思則不得也。此天之所與我者，先立乎其大者，則小者不能奪也，此為大人而已矣。」

這一段話的意思是：孟子認為人之自我有兩個層面，一層是他所謂的「大體」，一層是「賤體」。孟子有時又稱這兩層為「貴體」和「賤體」。從孟子一書的整個義理結構來看：「大體」和「貴體」是代表天命之所賜，因此是神聖的、高貴的。「小體」和「賤體」是代表獸性這一面，因此是低賤的，傾向墮落的。這顯然是一種「生命二元論」，是孟子人性論所表現的另一義理形態。

這種生命二元論，是整個儒家傳統形成中的一個極重要發展。它是了解宋明儒學思想的一個基本關鍵，同時也是了解後者所含藏的幽暗意識的一個起足點[14]。當然這並不是說宋明儒學在這方面沒有受到其他的影響。無可否認的，大乘佛教進入中國後，它所強調的無明意識，直接間接地加深了宋明儒學的幽暗意識。但是後者在表現幽暗意識的方式上，仍然與大乘佛教有著基本的不同，因為佛教的無明觀念，像基督教的原罪意識一樣，對生命陰暗面是作正面的彰顯與直接的透視。但是宋明儒學，至少就其主流而言，仍然大致保持原始儒家的義理形態，強調生命成德之可能，因之對

14 美國學者墨子刻（Thomas A. Metzger）在他的 *Escape from Predicament, Neo-Confucianism and China's Evolving Political Culture*（Columbia University Press, 1977）一書中，提出困境感（Sense of Predicament）一觀念，對宋明儒學中的幽暗意識，曾有間接的討論，發人深思，讀者可以參看。

生命的昏暗與人世的缺陷，只作間接的映襯與側面的影射。這是宋明儒學幽暗意識的基本表現方式，而這表現方式就是以孟子生命二元論為其理論的出發點。

宋明儒學，本著孟子生命二元論，再受到大乘佛教和道家思想的激盪，就演成它的「復性」思想。「復性」觀念的基本前提是：生命有兩個層面——生命的本質和生命的現實。而生命的本質又是人類歷史的本原狀態，生命的現實又是人類歷史的現實過程。於是在這種前提上便出現了對生命和歷史的一種特殊了解。生命的現實雖在理論上不一定是昏暗，卻常常流為昏暗。因此由生命的本質到生命的現實便常常是一種沉淪。依同理，人類歷史的本原狀態和生命的本質一樣，是個完美之境，但在歷史現實過程中卻時時陷入黑暗。在這樣的思想背景下，就形成了復性觀的主題：本性之失落與本性之復原；生命之沉淪與生命之提升。

很顯然的，復性思想是含有相當濃厚的幽暗意識的。既然復性思想以不同的形式貫串宋明儒家各派，它所蘊涵的幽暗意識自然也不限於任何一家一派。但在宋明儒學的主流——程朱學派中，它似乎特別顯著和突出。這主要因為程朱學派的義理結構是以二元論的形式出現。在宇宙觀方面，它有理與氣的對立，在人性觀方面，它有天理與人欲，道心與人心的對立。這種對立使得成德過程的艱難性在朱子思想中特別明顯。朱子曾說過下面這樣一段話：「以理言，則正之勝邪，天理之勝人欲，甚易。而邪之勝正，人欲之勝天理，甚難。以事言，則正之勝邪，天理之勝人欲，甚難。而邪之勝正，人欲之勝天理，卻甚易。正如人身正氣稍不足，邪便得以干之。」換句話說，朱子認為，按照道理說，正應該克邪，但在現實人生裡，邪卻是經常勝正的！

朱子不但從天理與人欲的對立去看人生。同時也從這個角度去放眼看歷史。在他看來，歷史的本原，也就是所謂的「三代」，是天理流行，一片光明淨潔，而歷史的現實過程，所謂三代以後，即便是漢唐盛世，也多半是人欲氾濫，一片黑暗！他在答陳同甫的信裡，把三代以後歷史的沉淪，說得最為明白斬截：「若以其能建立國家，傳世久遠，便謂其得天理之正，此正是以成敗論是非，但取其獲禽之多，而不羞其詭遇之不出正也。千五百年之間，正坐如此，所以只是架漏牽補過了時日。其間雖或不無小康，而堯舜三王周公孔子所傳之道未嘗一日得行於天地之間也。」這些話，出自朱子之口，道盡了宋明儒學正統派中的幽暗意識。

幽暗意識不僅限於程朱學派，就在對成德充滿樂觀與自信的王學裡，也時有流露。理由很簡單，王學雖然很少直接談「復性」這個觀念，但「復性」所代表的生命觀，卻仍然是王學思想中基本的一環。我們只要翻閱《陽明全集》，學絕道喪，人心陷溺的感喟，隨處可見，便是明證。王學的樂觀是來自王陽明之深信他發現了挽救人心、培養德性的獨特方法，而並不代表他們無感於人心的陷溺。

這裡必須指出的是：王學文字中，「學絕道喪，人心陷溺」這一類話，並非出自對人世浮泛的觀察，而是本自他們對生命的體驗。例如王畿是王門中最富樂觀精神的一位，他對一般人成德之信心可於他的「見成良知」這一觀念看出。但同時他卻能夠對人性中所潛藏的罪咎和陷溺作深入的體認。他曾說過，「吾人包裹障重，世情窠臼，不易出頭。以世界論之，是千百年習染，以人身論之，是半生依靠。」[15]

這種幽暗意識，在王門另外一位重要人物，羅洪先的思想中看得更清楚。他對自己內心深處所蟠結的罪咎，曾有這樣勘查入微的反省：「妄意於此，二十餘年矣，亦嘗自矢以為吾之於世，無所厚取，自欺二字，或者不至如人之甚，而兩年以來，稍加懲艾，則見為吾之所安而不懼者，正世之所謂大欺，而所指以為可惡而可恥者，皆吾之處心積慮，陰托之命而恃以終身者也。其使吾之安而不懼者，乃先儒論說之餘而冒以自足，以知解為智，以意氣為能，而處心積慮於可恥可惡之物，則知解之所不及，意氣之所不行，覺其缺漏，則蒙以一說，欲其宛轉，則加以眾證，先儒論說越多，而吾之所安日密，譬之方技俱通，而痿痺不恤，搔爬能周，而疼癢未知，甘心於服鴆，而自以為神劑，如此者不知日月幾矣。嗚呼，以是為學，雖日有聞，時其習明師臨之，良友輔之，猶恐成其私也。況於日之所聞，時之所習，出入於世俗之內，而又無明師良友之益，其能免於前病乎，夫所安者在此，則惟恐人或我窺，所蒙者在彼，則惟人不我與，託命既堅，固難於拔除，用力已深，益巧於藏伏，於是毀譽得失之際，始不能不用其情，此其觸機而動，緣釁而起，乃餘痕標見。所謂已病不治者也，且以隨用隨足之體，而寄寓於他人口吻之間，以不加不損之真，而貪竊於古人唾棄之穢，至樂不尋，而伺人之顏色以為欣戚，大寶不惜，而冀時之取予以為歉盈，如失路人之志歸，如喪家之丐食，流離奔逐，至死不休，孟子之所謂哀哉！」

是經過這種深切的反省和自訟，他才能對生命有這樣的感受：「吾輩一個性命，千瘡百孔，醫治不暇，何得有許多為人說長道短邪？」

這種對生命有千瘡百孔的感受，在晚明劉宗周的思想裡有更明顯的流露，造成幽

15 關於王畿及其他晚明清初的幾位思想家對於生命陰暗面的感受，讀者可以參看：Pei-yi Wu, "Self-examination and Confessions of Sins in Traditional China," *Harvard Journal of Asiatic Studies*, vol. 39, no. 1 (June, 1979), pp. 5-38.

暗意識在宋明儒學裡一個空前的發展。例如他在《人譜》一書中，把成德的實踐過程分成六步，每一步都有罪咎的潛伏，都有陷溺的可能。他在總結第六步——「遷善改過以作聖」時，曾有這樣的話：「學者未歷過上五條公案，通身都是罪過；即已歷過上五條公案，通身仍是罪過。」接著在《人譜續篇》〈紀過格〉裡，他對這「通身的罪過」有極詳盡的抉發和分析。他把罪過分成六大類，每一大類再細分成各色各種，其中第一大類，劉宗周稱之為「微過」，最足以表現他對罪過勘查的細微：「以上一過實函後來種種諸過，而藏在未起念之前，彷彿不可名狀，故曰微，原從無過中看出過來者。『妄』字最難解，真是無病疼可指。如人之氣偶虛耳，然百邪從此易入。人犯此者使一生受虧，無藥可療，最可畏也。」[16]

人譜裡面所表現的罪惡感，簡直可以和其同時代西方清教徒的罪惡意識相提並論。宋明儒學發展到這一步，對幽暗意識，已不只是間接的映襯和側面的影射，而已變成正面的彰顯和直接的透視了。

上面討論的主旨是在強調：儒家思想，尤其是宋明儒學，是含有幽暗意識這一層面的。所以要這樣強調，主要是為了糾正一個很流行的錯誤觀念，那就是儒家思想一味地樂觀，對於生命的缺陷和人世的遺憾全無感受和警覺。但是這種強調並不就是對儒家與基督教在這方面不同之處的忽視。前面說過，兩者表現幽暗意識的方式和蘊涵的強弱很有不同。基督教是作正面的透視與直接的彰顯，而儒家的主流，除了晚明一段時期外，大致而言是間接的映襯與側面的影射。而這種表現的不同，也說明了二者之間另一基本的歧異，如前所說，基督教，因為相信人之罪惡性是根深柢固，因此不認為人有體現至善之可能；而儒家的幽暗意識，在這一點上始終沒有淹沒它基本的樂觀精神。不論成德的過程是多麼的艱難，人仍有體現至善，變成完人之可能。

重要的是，儒家在這一點上的樂觀精神影響了它的政治思想的一個基本方向。因為原始儒家從一開始便堅持一個信念：既然人有體現至善，成聖成賢的可能，政治權力就應該交在已經體現至善的聖賢手裡。讓德性與智慧來指導和駕馭政治權力。這就是所謂的「聖王」和「德治」思想，這就是先秦儒家解決政治問題的基本途徑。

二千年來，儒家的政治思想就順著這個基本觀念的方向去發展，因此它整個精神是貫注在如何培養那指導政治的德性。一部四書，便是儒家思想在這方面的好註腳，而一部大學，對這思想尤其有提綱挈領的展示。眾所周知，大學這本書是環繞三綱

16 牟宗三，《從陸象山到劉蕺山》，頁五一九—五四一。

領、八德目而展開的，我們不妨把這三綱領、八德目看作儒家思想的一個基本模式。大致而言，這個模式是由兩個觀點所構成：一、人可由成德而臻至善。二、成德的人領導與推動政治以建造一個和諧的社會。而貫串這兩個觀點的是一個基本信念：政治權力可由內在德性的培養去轉化，而非由外在制度的建立去防範。很顯然的，對政治權力的看法，儒家和基督教是有著起足點的不同的！

總而言之，聖王的理想，大學的模式，都是儒家樂觀精神的產物，同時也反映了幽暗意識在儒家傳統裡所受到的限制。必須指出的是：這些理想和模式是中國傳統定型和定向的一個重要關鍵。由它們對傳統的影響，我們可以看到中國傳統為何開不出民主憲政的一部分癥結。這裡我且以正統的朱子學派作為例證，對這問題稍作剖析。

朱子注釋大學是宋明儒學的一個奠基工作，影響極大，他的主要論旨是：人由內在德性的修養，可以臻於至善，但是人的成德，不能止於修身，必須由個人的修身，進而領導政治，推動社會，以達到「治平」的理想。總而言之，成德的過程是修身與經世縮合為一。這仍是儒家「內聖外王」理想的發揮。在朱子傳統中造成兩種趨勢：一種是以儒家的道德理想去觀照和衡量現實政治，從而產生抗議精神與批判意識。朱子平生的思想和立身行事就已經很有這種傾向。他的一生，多次遭貶受謫，無非是因為他堅持儒家道德的原則，抨彈政治，守正不阿。這種抗議精神，在後世的朱子學派，持續不衰，最明顯的例子是明末清初陸世儀、張揚園、呂晚村這一批學者，他們之不事新朝，並不只是對滿清異族的反感，他們也是本著儒家的道德理想，堅持抗議精神而有所不為的。陸世儀在他的《思辨錄》裡就曾說過這樣的話：「周子曰：師道立而善人多，學記曰：師嚴而後道尊，斯二言誠然，尚書云：天降下民，作之君，作之師，則師尊與君等，又曰能自得師者王，則師又尊於君，非師之尊也，道尊也，道尊則師尊。」換句話說，師儒代表道統，而道統高於君主，因此師儒的地位，至少不應低於君主。這是何等的抗議精神！何等的批判意識！這裡不應忘記的是：陸世儀的《思辨錄》是以大學模式為中心思想所寫成的一部書。

然而，話說回來，儒家的抗議精神和批判意識畢竟不是西方的民主憲政，兩者之間仍有著重要的差異。其中一個基本的不同就是民主憲政是從客觀制度著眼，對權力加以防範，而儒家的抗議精神則是著眼於主觀德性的培養以期待一個理想的人格主政，由內在的德性對權力加以淨化。上面提到的陸世儀就是一個極好的例證。他對政治的構想最後仍歸結於期待聖王的出現。他的抗議精神是由「大學模式」表現出來，因此也難免受到這模式的限制。

前面說過，朱注《大學》，在宋明儒學的主流裡造成兩種趨勢，抗議精神的發揚僅是其一。另一種趨勢就是以現實政治為基礎而求德治的實現。代表這個趨勢的是南宋以來影響極大的一本書——《大學衍義》。此書是南宋朱學的重鎮——真德秀所編著。他編著此書的目的乃是承襲朱注大學的傳統，但縮小朱注原來的目標，而純以當時君主為對象，以求修齊治平理想的實現。於是，在朱子的手裡，那還是一部談成德治道一般原則性的書，到真德秀筆下，便完全變成一部帝王成德之學了。

《大學衍義》，後來在明初由當時一位朱派學者——邱濬加了一個重要的補充，這就是《大學衍義補》。這個補充主要在討論如何在現實制度的安排中發揮由上而下的德治。後來由經世思想出發而討論制度安排的種種叢編如《皇明經世文編》、《經世文鈔》、《皇清經世文編》等等在基本義理規模上都未能超過《大學衍義正補》兩編。因此由大學模式的思想為基礎，在儒家傳統中確曾產生過有關制度的構想和討論。但必須強調的是，此所謂制度是現存的行政制度及其附麗的禮樂制度，而非基本的政治制度。因此，這種制度是第二義的，而非第一義的。借用牟宗三先生的兩個名詞，我們可以說，它是表現「治道」的制度，而非「政道」的制度。

上面我們簡略地討論了聖王的理想和「大學模式」在朱學傳統所造成的兩種趨

勢。一種引發了抗議精神與批判意識，但這精神與意識始終停留在道德理想的層面，未能落實為客觀制度的構想。另一種引發了制度的構想，但所謂制度是表現「治道」的制度而非「政道」的制度。這兩種趨勢都可歸源於儒家的樂觀精神和理想主義，同時也間接透露出儒家傳統的一個重要消息：幽暗意識雖然存在，卻未能有著充分的發揮。衡之幽暗意識在西方自由主義傳統的重要性，我們也可由此了解到中國傳統之所以開不出民主憲政的一個重要思想癥結。

後記

去年我在另外一篇文章裡也曾稍稍觸及到幽暗意識與民主政治之間的關係這一問題，並曾就這一問題，對中國傳統作了一些簡短的批判與反省。徐復觀先生當時在美省親，讀到此文後曾來信表示不同的意見，他回香港後，並曾發表文章，就我的論旨，提出商榷，十月間，他把他的文章寄給我看，我因當時被學校一些雜事糾纏住，未能和他仔細討論這個問題，不過我在回信中答應在短期內將為文詳述我的觀點，向他請教，沒想到，如今這篇文章寫好了，而他已經離開人世！我知道徐先生一向喜歡後輩向他請益辨難的，就以這篇文章來表示我對這位現代中國自由主義的老鬥士的一點敬意和悼念吧！

一九八二年．六月十六日夜

超越意識與幽暗意識

——儒家內聖外王思想之再認與反省

內聖外王是儒家人文傳統的一個核心觀念。這個觀念，和傳統其他的核心觀念一樣，有其多面的涵義。在這些多面的涵義中，我們至少可以大別為廣狹二義。就其廣義而言，它代表一種人格的理想。其涵義可以和儒家其他的一些類似的理想，如「經世修身」，「新民明德」等觀念相通。在這一層意義上，「內聖外王」的理想是很有些足以供給現代文化反省和借鏡的「資源」。例如，「內聖外王」這個觀念蘊涵著一種「人格主義」。這種人格主義一方面強調人的社會性，認為人的社會性與人之所以為人有其不可分的關係。因此，人必須參與社會，參與政治。這些「外向」的義務是人格的一部分。這和近代西方的個人主義以個人為本位去考慮政治和社會問題在精神上是有著重要的不同。另一方面，儒家的「內聖」思想是方有超越意識，儒家相信人的本性是來自天賦，因此，一個人的個性，不能僅視為社會關係的凝聚，它是有其超越的基礎。在這基礎上，個性永遠得保存其獨立自主，而不為群性所淹沒，這種「人格主義」，綜合群性與個性，而超乎其上，消弭了西方現代文化中個人主義與集體主義的對立，可以針砭二者偏頗之弊病，為現代社會思想提供一個新的視角。

此外，「內聖外王」這個理想把人格分為內外層面，而強調其相輔相成，對於現代文化而言，也有特別的意義。因為現代文化，在科技的籠罩之下和「大眾社會」的群性壓力之下，對生命的了解有過於量化和「外化」的傾向，從而忽略生命內在的心靈深度層面。這是造成現代文化偏枯和失調的一個重要原因。「內聖外王」這個理想，視內在心靈生活和外在的社會與物質生活同樣重要，對於現代文化重外而輕內的取向，可以發揮調劑與平衡的功能。

但是，討論「內聖外王」這個理想，我們不能只注意其廣義的一面。更重要的是它的狹義的一面。也就是它的政治理想層面，因為這一層面對中國傳統和現代的政治都曾經發揮過極大的歷史影響。對這一面加以分析和反省可以使我們了解儒家的政治思想，乃至中國的政治文化的一些基本限制和癥結。只有經過這些分析和反省，我們才能進一步發掘和彰顯「內聖外王」在人格理想層面的現代意義和價值。

在政治理想的層面，「內聖外主」代表儒家特有的一種道德理想主義——聖王精神。這個精神的基本觀念是：人類社會最重要的問題是政治的領導，而政治領導的準繩是道德精神。因為道德精神是可以充分體現在個人人格裡，把政治領導交在這樣一個「完人」手裡，便是人類社會「治平」的關鍵。

這份聖王德治精神有兩種特徵。一種特徵是：它是植基於儒家的超越意識。因為這份超越意識，「聖王」觀念才能展現其獨特的批判意識與抗議精神；同時也因為這份超越意識有其限制，它的批判意議未能在儒家傳統作充分的發揮。因此，要想了解聖王精神在這方面的底蘊與缺陷，分析其超越意識是一個必要的條件。

聖王精神的另一特徵是它所涵蘊的幽暗意識，我們必須正視這份幽暗意識，因為只有這樣我們才能掌握聖王精神之全貌，盡窺其曲折。但是，另一方面我們必須認識儒家幽暗意識的限制。因為只有從這個限制中我們才能了解為何儒家的政治理想始終以聖王為極限，以及這極限為何有其危險性。

一、超越意識與聖王觀念

儒家的內聖外王觀念是表現一種人文精神，但重要的是，這種人文主義與現代的人文主義是有著基本的不同；現代人文主義是排斥超越意識，而儒家人文思想，透過內聖的觀念，則是以超越意識為前提。這份超越意識主要是反映於儒家的天人之際的思想。在先秦儒家，天人之際思想最突出的表現自然是「天人合一」的觀念。孔子在論語中便表現他個人與天有特別相契的關係。同時，他思想中的「德性倫理」也蘊涵著以天為主的超越意識[1]。孟子本著孔子這種超越體驗加以推廣，認為任何人若能發揮己身天賦本有的善，均可與超越的天形成內在的契合[2]。這一思想結穴於中庸與大學的中心觀念：以個人的道德轉化去承受天賦內在的使命[3]。這是一種天命內化的觀念。這個觀念蘊涵著權威二元化的意識，也就是說，不僅天子以國家元首的資格，可以承受天命，樹立政治與社會的權威中心，而且任何人憑著人格的道德轉化，也可以直接「知天」、「事天」，樹立一個獨立於天子和社會秩序的內在權威。這造成不僅是儒家思想，而且是中國思想的一個突破性的契機[4]。

此處必須指出：〈大學〉與〈中庸〉是《禮記》中的兩章。現存的《禮記》，據一般的了解是漢代編成的書，但其包羅的思想，並非限於漢代，而是上及於戰國晚期

1 詳見拙著"Some Reflections on the Problems of the Axial Age Breakthrough in Relation to Classical Confucianism," in *Problems Across Cultures:Essays on Chinese Thought in Honor of Benjamin I. Sohwartz*. ed. by Paul A. Cohen and Merle Goldman, Harvard University Council on East Asian Studies series, forthcoming.

2 同上註。

3 同上註。

4 同上註。

以至秦漢之際[5]。值得注意的是：禮記一方面有〈大學〉、〈中庸〉所代表的「天人合一」思想。另一方面也有〈王制〉、〈月令〉、〈明堂令〉等篇所反映迥然不同的思想。〈王制〉是討論古代理想的封建制度，而〈月令〉則是討論這個制度的宇宙間架[6]。〈月令〉的中心思想是：〈王制〉是植基於宇宙秩序，因此這個制度的運作，特別是這個制度的樞紐——天子的行為，必須與宇宙運行的韻律和節奏相配合。「明堂」制度就是〈月令〉這種思想的具體表現：天子及其臣下隨從每月的衣食住行，以及其他生活細節都需要透過「明堂」的安排與宇宙秩序的運行相配合[7]。這也是一種天人之際的思想。但是這種天人之際的思想是以「天人相應」的觀念為中心[8]。

這種思想之與〈大學〉、〈中庸〉的天人合一思想相併出現，透露先秦儒家的一個重要消息：天人之際的思想是以兩種形式出現：除了天人合一的內在超越形式，尚有「天人相應」的一種形式。必須強調的是：這種天人相應的觀念不但在戰國晚期的儒家思想出現，而且在原始儒家的主流思想裡也潛存著。因為在《論語》、《孟子》、《荀子》諸典籍裡，傳統的「禮」的觀念仍占極重要的地位，而「禮」的核心是祭天地與祭祖先的觀念。例如，《論語》就曾強調「禘祭」與「治天下」的關聯[9]，而《孟子》也曾指出「明堂」是王政的一環[10]。這些觀念意味著：皇權與家族兩制度是人世與神靈世界所不可或缺的管道[11]。

從這個角度看去，禮的重要部分可以說是殷商文化所遺留的「宇宙神話」的延續。所謂「宇宙神話」是指相信人世的秩序是植基於神靈世界和宇宙秩序的一種思想。這種神話相信宇宙秩序是神聖不可變的。因此它也相信人世秩序的基本制度也是不可變的[12]。不錯，周初的天命思想，透過「德」的觀念，已把王權與宗族血緣關係

---

5 見高明，《禮學新探》、〈禮記概說〉，頁一三—九七。

6 見王夢鷗，《禮記今註今譯》，上冊，頁二〇一：〈月令〉篇兼記「月」與「令」。「月」是天文，「令」是政事。先秦有一派學者認為王者必須承「天」以治「人」，故設計這一套依「天文」而施行「政事」的綱領，其實仍似一種「王制」。惟是，古代的天文知識，曾被應用於陰陽五行說，故此〈月令〉亦可視為依據陰陽五行說而設計的〈王制〉，不過重點是放在天子身上。

7 同上註，頁二〇一—二四一。

8 詳見拙著“Some Reflections on the Axial Age Breakthrough in Relation to Classical Confucianism.”

9 《新譯四書讀本》（台北：三民書局，一九五七），〈論語〉，頁七二。

10 同上註，〈孟子〉，頁二六九。

11 詳見拙著“Some Reflections on the Axial Age Breakthrough in Relation to Classical Confucianism.”

12 同上註，關於「宇宙神話」（Cosmological myth）之討論，可參見Eric Voegelin所著*Order and Hiztorg* vol. one, *Israel and Revelation*（Louisiana State University Press, 1957), pp. 1-11，此觀念Voegelin原用以

分開。也即天子這個職位，不能由任何特定的宗族所壟斷，而是由道德的培養所決定，因此有其開放性[13]。但是，作為一種制度，天子和宗族的神聖性仍然存在。易言之，天命思想只是殷商的宇宙神話的修正，依然視人世秩序的兩個基本制度——皇權與宗族為通向神靈世界的基本管道[14]。天命思想的這一面為西周禮制所承襲，到春秋時代仍然盛行。前面提到，《論語》、《孟子》諸書並未排斥禮制，只是以代表超越精神的「德性倫理」去調節制衡禮制所蘊涵的「外範倫理」。

因此，以禮為橋梁，〈月令〉裡面的王制，是上承殷商的宗教文化。王制和明堂等制度，以陰陽、五行等觀念所建構的宇宙觀為間架，在思想的鋪陳上當然比較繁複和系統化，但就其基本精神而論，實在是殷商的宇宙神話和宇宙王權的翻版[15]。

總之，儒家的天人之際思想的兩種形式是有一些基本的不同。天人相應的思想是胎源於殷周的古老神話傳統；而天人合一的思想是肇始於樞軸時代（Axial age）的思想創新與精神躍進。天人相應的形態是認為天人之際的聯繫是透過人世間的基本社會關係和制度而建立的外在實質聯繫；而天人合一的形態是認為天人之際的聯繫主要是透過個人心靈的精神超越而建立的內在本質聯繫。因為有這些歧異，二者所蘊涵的批判意識也有不同，天人感應的思想，只能以人世秩序的基本制度的神聖不可變性為前提而發揮有限度的批判意識；天人合一的思想則以內化超越為前提，蘊涵了權威二元化的激烈批判意識。從晚周開始，二者常常揉合在一起出現於各家各派的思想中，但二者不同的比重也大致決定各家各派的超越意識和批判意識的強弱。

前面提到天人相應的思想盛行於晚周到秦漢這一時代。其結果是此一形思想在漢儒傳統裡取得主導地位，而天人合一的思想則在此主導思想的籠罩下，漸形萎縮。我現在權以《春秋繁露》與《白虎通》為代表，對漢儒這一思想趨勢，稍作說明。

《春秋繁露》的思想主要是以陰陽五行的宇宙觀為思想間架，發揮儒家的道德理想。後者的一個基本重點當然是天下國家的「治平」。此處，董仲舒的思想是以陰陽五行的宇宙觀為前提：人世秩序是宇宙秩序的一部分，二者息息相關。因此，人世次

分析近東古文明的特徵。我認為此觀念也可用以了解中國殷商的宗教和政治思想。有關殷商文化這一面，讀者可參見Paul Wheatley, *The Pivot of the Four Quarters* (Chicago, Aldine Publishing Company, 1971), pp. 55-56, 411-451.

13 詳見拙著"Some Reflections on the Axial Age Breakthrough to Classical Confucianism."

14 同上註。

15 同上註。

序的建立必須求與宇宙秩序相配合，相呼應。而其間之關鍵在於人世的基本制度，特別是天子的地位；天子透過制禮作樂，以及政事的綜理和德性的培養，對於人世秩序與宇宙秩序之間的和諧有決定性的作用[16]。由此可見，就人世的治平這個理想而言，《春秋繁露》全為天人相應思想所籠罩。

《春秋繁露》，除了天下治平這一重點外，尚有另一重點——個人成德的理想。就這一理想而言，天人合一的內化超越思想，在《春秋繁露》裡仍有其地位。首先，董仲舒認為：成德並不完全是外範道德的繩制，內蘊的德性也須發揮其作用。因此，他強調在成德過程中禮與志必須求得平衡，志為質而禮為文，行禮必以文質調和為目的[17]，而論禮也須分「經」和「變」兩種[18]。顯然，就董而言，內心的嚮向，可以調節禮的運用，以免禮流為僵化的儀節。

更重要的是：董仲舒把個人分為外在的身體與內在的心靈，身體以利為取向，而心以義為取向：「天之生人也，使之生義與利，利以養其體，義以養其心，心不得義不能樂，體不得利不能安，義者心之養也，利者體之養也。」[19]故「體莫貴於心，故養莫重於義，義之養生人，大於利。」[20]此處必須指出的是：就董仲舒而言，義僅是人之內在的德性之一，其他為董仲舒所強調的尚有仁與智[21]；特別重要的是仁，因為仁一方面代表人性中的善，另一方面是天所賦予，代表超越的全德。「仁之美者在於天，天，仁也。天覆育萬物，既化而生之，又養而成之，事功無已，終而覆始；凡舉歸之以奉人，察於天之意，無窮極之仁也，人之受命於天也，取仁於天而仁也。」[22]

---

16 顧頡剛，《秦漢的方士與儒生》（上海，一九五七），《春秋繁露》中，強調天子為天人相應之樞紐，比比皆是，茲略引數語，以見此思想之重要：「古之造文者，三畫而連其中，謂之王。三畫者，天地與人也。而連其中者，通其道也。取天地與人之中，以為貫而參通之，非王者孰能當是？是故王者唯天之法，法其時而成」《春秋繁露》，〈王道通三〉，卷一一，頁九。同卷，頁一二，又有下列數語：「人主立於生殺之位，與天共持變化之勢。物莫不應天化，天地之化如四時，所好之風出，則為暖氣而有生於俗，所惡之風出，則為清氣而有殺於俗。喜則為暑氣而有養長也，怒則為寒氣而有閉塞也。人主以好惡喜怒變習俗，而天以暖清寒暑化草木，喜怒時而當則歲美，不時而妄則歲惡，天地人主一也。」

17 《春秋繁露》，（四部叢刊初編縮本），卷一，〈玉杯第二〉，頁七—八。

18 《春秋繁露》，卷三，〈玉英第四〉，頁一五—一六。

19 《春秋繁露》，卷九，〈身之養重於義第三十一〉，頁五。

20 同上註。

21 《春秋繁露》，卷九，〈必仁且智第三十〉，頁四九—五〇。

22 《春秋繁露》，卷一一，〈王道通三第四十四〉，頁六二。

由此可見，內蘊的德性有其超越的基礎。這個觀念毫無疑問的是反映天人合一思想。

但是，董仲舒認為這種超越內化的德性只能形成修德的潛能。因為人心中尚有可以滋惡的情欲，修德的潛能是無法靠本身的力量實現的。它必須仰賴外在制度和規範的督促與制約[23]。易言之，外在的禮制仍然是個人成德的一個必要條件，而外在的禮制一方面是包括以三綱為中心的政治與社會基本制度；另一方面，它是與宇宙的秩序和韻律相配合，相呼應的[24]。因此，在董仲舒的思想裡，以超越內化為基礎的成德觀念是附屬於、受制於天人相應的宇宙觀。

到了《白虎通義》，這種超越內化的趨勢繼續萎縮。人世的秩序似已完全取決於禮制和宇宙秩序的配合與呼應。漢儒的主導思想至此幾乎整個為天人相應的宇宙觀所壟斷[25]。

漢以後，儒學式微而佛道發皇，直到晚唐和北宋，儒學才漸漸復甦，遂有宋明儒學之興盛。這其間的一個主要發展當然是《四書》取代《五經》在儒家經典中的主導地位。《四書》與《五經》最重要的差異是：《四書》是以內化道德為取向，而《五經》則主要是以外範道德為取向。內化道德是以內化超越為前提，如上所指，內化超越是以「天人合一」的觀念為形式出現，在《四書》的義理結構中，有產生權威二元化的趨勢[26]。但重要的是，這權威二元化的趨勢，雖在宋明儒學的思想中時有若隱若現的發展，卻始終未能成形滋長。其主要癥結之一在於：天人合一的思想只是在表面上取得主導地位，而實際上天人相應的思想所蘊涵的宇宙神話仍然滲透摻雜其中，使得天人合一的超越意識受到不同程度的窒抑和扭曲，而批判意識也因之不能暢發為權

23 《春秋繁露》，卷一〇，〈深察名號第三十五〉，頁五五—五七。

24 《春秋繁露》，卷一〇，〈深察名號第三十五〉，頁五五—五七。又見卷一二，〈基義第五十三〉，頁六八—六九。

25 《白虎通德論》（四部叢刊縮本）卷八，〈情性〉，頁六〇—六一一節中有分析五性六情，所謂五性是指仁義禮智信，六情是指喜怒哀樂愛惡，「六情者所以扶成五性也」。「性所以五，情所以六，何？人本含六律五行之氣而生，故內有五藏六府，此情性之所由出入也。」五性六氣不但與人體內的「小宇宙」聯結，而且與外在「大宇宙」方位相繫：「喜在西方，怒在東方，好在北方，惡在南方，哀在下，樂在上。何以？西方萬物之成，故喜，東方萬物之生，故怒。北方陽氣始施，故好。南方陰氣始起，故惡。上多樂，下多哀也。」這種大小宇宙對應相繫，使內化消解，超越架空，完全反映「天人相應」的宇宙觀。

26 詳見拙著，"The Inward Turn: Formation of Conceptions of Order in Tao-hsüeh" Unpublished Paper Written for the Conference on Sung Statecraft at Scottsdale, Arizona（1986），又見錢穆，《朱子新學業》第四冊〈朱子之四書學〉，頁一八〇—二三〇。

威二元化的思想。現在試以宋明儒學的兩個重要潮流——朱學和王學，對這超越意識演變的曲折及其影響，略作說明。

朱學的代表人物當然是朱子，朱子的基本思想大體表現於朱註《四書》。而後者最突出的一面就是前面提到的內化道德。這裡必須澄清一個治宋明儒學史常有的誤會：所謂宋明儒學的內化傾向是指環繞修身這個觀念而展開的內化道德。這套內化道德觀念展現一個人格的理想，是朱子思想的一個基本價值和目標。但不可忽略的是：這套內化道德觀念也是實現一個理想社會的工具或途徑。這也就是說：在朱子思想裡，外王或經世，與內聖或修身一樣，同為宋明儒學的一個主要蘄向或目標。因此，一般人認為宋明儒學內化的趨勢代表「外王」與「經世」觀念的式微是大可商榷的[27]。

所以朱子的思想，一方面是反映儒家以外界社會為關懷的經世精神，另一方面是反映以內化道德為內容的人格理想。這裡必須指出的是：朱子思想中的內化道德是以超越意識為基點。朱子認為人心中含有天理，是為其性，因此人心是直通天道，故他在中庸章句敘裡強調：人心不僅含有人心，而且也含有道心[28]，這種「道心」，加上經世精神，孕育一種「心靈秩序」和內在權威，不但有獨立於現存政治社會秩序的傾向，而且有與外在秩序相扞格，相抗衡的潛能。這在思想上是一種二元化的結構。

但從深一層看，這一權威二元化的結構在朱熹的思想裡並未完全的體現。內化道德固然在朱熹思想裡取得主導地位，但在朱熹的整個思想中，以禮制為內容的外範道德仍然有其重要性。朱子的禮學當然並不一定就是肯定現存秩序的禮儀規範，但至少他所謂的禮是肯定現存秩序的基本制度。更重要的是：他認為這一禮制也是植基於超越的天。因此，我們可以說：一種變相的宇宙神話仍然盤踞在朱子的思想裡[29]。

更重要的是：漢儒的三綱思想，從周敦頤開始，就滲透入宋明儒學的超越意識。朱熹的思想在這一點上也不例外，他說：「宇宙之間，一理而已，天得之而為天，地得之而為地，而凡生於天地之間者，又各得之以為性，其張之為三綱，其紀之為五常，蓋皆此理之流行，無所適而不在。」[30]三綱既是天理的一部分，朱子以天理為基

27 詳見拙著，〈宋明以來儒家經世思想試釋〉，收於《近世中國經世思想研討會論文集》（台北：中央研究院近代史研究所編，一九八四）。

28 《朱文公文集》，（四部叢刊初編縮本），卷七六，〈中庸章句序〉，頁一四〇七—一四〇八。

29 錢穆，《朱子新學案》，第四冊，〈朱子之禮學〉，頁一一二—一七九。

30 見朱熹，《近思錄》（台北：世界書局），卷九，「治法」引周敦頤語，頁二四二。又見《朱子新學

礎的內化超越自然受到架空與扭曲。這當然也是宇宙神話的一種變相滲透，難免構成由內化超越意識通向權威二元化的思想的障礙。

認識朱子思想這一背景，我們才能了解為何朱學的政治思想常常表現為「帝王之學」。我此處主要是指南宋以來，在儒學傳統裡發揮極大影響的兩部書——真德秀的《大學衍義》和邱濬的《大學衍義補》[31]。在這兩部書裡，大學的道德理想變成帝王施政牧民的圭臬，這種思想當然未嘗不蘊涵一些批判意識。但是這些批判意識是有極大的限制，充其量只能針對帝王的個人行為及施政措施發揮一些抗議作用，其與以內化超越為泉源的二元權威意識是不可同日而語的[32]。

朱學傳統裡，比較能發揮抗議精神而凸顯權威二元化的意識是明末清初的少數學者如陸世儀、呂晚村等。陸世儀就曾說過這樣一段話：「周子曰：師道立而善人多，〈學記〉曰：師嚴而後道尊，斯二言誠然，《尚書》云：天降下民，作之君，作之師，則師尊與君等，又曰：能自得師者王，則師又尊於君。非師之尊也，道尊也，道尊則師尊。」[33]值得注意的是，陸世儀這一段話出自於《思辨錄》，而他在《思辨錄》裡也提到綱常名教，他不但未曾本著權威二元化意識加以駁斥，而且似乎認為當然[34]。這就是因為在當時，「三綱」已經普遍被假定為「天道」、「天理」的一部分。

一旦三綱思想羼入超越意識，則以超越意識為基礎的權威二元化思想自然被打一個大折扣。

內化超越意識所引發的批判精神在陸王心學裡有著空前的發展。陸王思想的義理結構是深受孟子的影響，在孟子思想裡，權威二元化的意識是以道與勢和德與位對抗的形式出現[35]；在陸象山的思想裡是以理與勢對抗的形式出現[36]。鑒於宋明理學中「理」的超越傾向已有被三綱意識架空的趨勢，我們當然不能假定陸王學派的內化超越思想完全沒有這個趨勢的可能。王陽明的思想就是一個很好的例證，陽明思想中的

案》，第一冊，〈朱子論陰陽〉，頁二八五—二八六；陶希聖，《中國政治思想史》（台北：全民出版社，一九五四），第四冊，引朱子語，頁一一七。

31 Wm. Theodore de Bary, *Neo-Confucian Orthodoxy and the Learning of the Mind-Heart* (Columbia University Press 1981), pp. 73-126.

32 詳見拙著"The Inward Turn: Formation of Conceptions of Order in Tao-hsüeh."

33 陸世儀，《思辨錄輯要》（正誼堂全書），卷二〇，頁五—八；卷二一，頁六。

34 同上註，卷二一，頁一—二三。

35 見《新譯四書讀本》，《孟子》，頁四三六、四七九。

36 《陸象山全集》（台北：世界書局，一九六六），頁一〇八。

內化超越的傾向超過陸象山。一方面，他主張「心即理」，把成德的潛能完全置於內化超越的基礎上。同時，他又深化良知的觀念，而談「心體」與「良知本體」，並以之為己身之「主宰」與「真我」。更重要的是：他甚至認為「心體」與「良知本體」已是超越善惡對立而駸駸乎與佛家之「空」與道家之「無」不分軒輊[37]。但是這種深化的內在超越觀念，似乎並未使陽明思想完全擺脫「天人相應」的宇宙觀的羈絆。例如他在論〈五經臆說十三條〉中就曾明白地以「天人相應」的宇宙觀為前提，肯定綱常名教與君主制度之神聖性[38]。

宋明儒學的批判意識在王陽明本人的思想中雖無突破，但陽明身後的傳人在這方面卻有著空前的發展。首先是所謂左派王學，這一派的思想主要是奠基於王學的超越內化的觀念。王畿的三教合一思想是陽明之強調超越內化觀念的進一步推演[39]。王艮本著陽明良知思想對他的啟發，輔之以他個人的神秘主義的精神體驗，把天人合一的觀念不但加以引申，而且與批判意識結合，替整個泰州學派的抗議精神鋪路[40]。這份精神的最大特色在於它強調在現存的政治社會秩序之外，有一個獨立的思想權威可以與其抗衡。何心隱之強調師尊於君[41]，李贄的一生以個人之良知對抗各種政治社會權威和儒學正統[42]，都是這份精神的突出表現，使權威二元化的意識因此在晚明有著接近突破性的發展。

37 Julia Ching, *To Acquire Wisdom, The Way of Wang Yang-ming* (New York, Columbia University Press, 1976), pp. 52-124, pp. 125-165.

38 《王文成公全書》（四部叢刊初編縮本），卷二六，頁七四二—七四三；卷三一，頁八八五—八八八。

39 《龍溪先生全集》（近世漢籍叢刊，廣文書局），卷六，頁一二。參見Tang Chun-i, "The Development of the Concept of Moral Mind from Wang Yang-ming to Wang Chi," in *Self and Society in Ming Thought*, ed. by Wm. Theodore de Bary and the Conference on Ming Thought (New York, Columbia University Press, 1970), pp. 93-117.

40 《王心齋全集》（台北：廣文書局）〈年譜〉，卷一，頁二—三、頁四—六；卷二，頁八；卷三，頁一—四；卷四，頁三、頁四—五、頁六—九。

41 容肇祖，《何心隱集》（北京：中華書局，一九六〇），卷二〈論友〉，頁二八；〈師說〉，卷三，頁二七—二八、頁五一—五二、六五—六六；讀者可參閱Donald G. Dimberg, *The Sage and Society: The Life and Thought of Ho Hsin-yin* (Monograph No. 1 of the Society for Asian and Comparative Philosophy, The University Press of Hawaii, 1974), p. 86.

42 李贄，《焚書》，（上海：中華書局，一九三六），卷三〈夫婦〉，頁一〇一—一〇二、頁一一〇—一一二；《續焚書》（上海：中華書局，一九五九），卷一，頁三—四、頁一七；卷二，頁七五—七八；《初潭集》（上海：中華書局，一九七四），第一冊，〈夫婦辨總論〉，頁一—二；〈論師友〉，卷一一、卷二〇。讀者可參閱，吳澤，《儒教叛徒李卓吾》（上海：華夏書店，一九四九），頁七七—八三。

在左派王學之外，黃宗羲將王學中的批判意識發揮得更為徹底。黃是劉宗周的弟子。劉的思想是對王學末流的一種修正。但是對王學的基本架構仍然大部肯定[43]。因此，他的思想有兩個特徵值得注意：首先，他對陽明思想中的內化超越作深層體驗的闡釋，因此他的內化超越意識結晶為獨體與意根等觀念[44]。其次，這些觀念是扣緊他的工夫論而展開，因此是蘊涵強烈的致用精神而落實於個人的道德實踐[45]。

黃宗羲是承襲這個致用精神而加以擴大，他曾說過：「心無本體，工夫所至，即其本體。」[46]不過重要的是：他認為內化超越意識不但要落實於個人道德的實踐，而且要植根於群體的政治社會生活。這就是他的經世精神[47]。在彰顯這份經世精神時，他的思想充分發揮王學中的兩個特色。一是王學中深化的內在超越精神；二是孟子思想中的以德抗位，以道抗勢的權威二元化觀念[48]。二者綰合為黃宗羲思想中特有的高度批判意識，其結果不但是以師道與君道對抗[49]，甚至完全突破綱常名教中所蘊涵的宇宙神話，而提出有君不如無君的觀念[50]。

批判意識隨著超越精神在王學中有空前的發展而臻於高峰，但也隨著王學在十七世紀以後的式微而轉弱。這一思想的轉折，與儒學內部的演化極有關係，值得稍作分析。首先，王學的式微並不代表宋明儒學的全面退潮，不錯，朱學思想的創造活力在十七世紀以後大為減退，但就一般士大夫的思想信念而言，因為朱註四書是考試制度下士子進身的階梯，朱學的影響仍然極為廣被。可是，如前所論，朱子思想中的超越意識已被三綱思想滲透，其批判精神也已無法充分發揮。至於十七世紀以後儒家學術

---

43 黃宗羲，《明儒學案》（世界書局印行），卷六二，〈鼓山學案〉，頁六七二—七一八。

44 同上註。

45 同上註，「古人只言個學字，又與思互言，又與問並言，又兼辨與行。則曰：五者廢其一，非學也。學者如此下工夫，儘見精實，徹內徹外，無一毫滲漏，陽明子云：學便是行，未有學而不行者，如學書必須把筆伸紙，學射必須操弓挾矢，篤行之，只是行之不已耳，且知五者總是一個工夫。」頁七〇二。

46 同上註，〈自序〉，頁一。又見〈先師蕺山先生文集序〉，頁三四八：「形而上者謂之道，形而下者謂之器，器在斯道在，離器而道不可見。」

47 同上註，〈餘姚縣重修儒學記〉：「夫道一而已，修於身則為道德，形於言則為藝文，見於用則為事功。」頁三九六—三九七。

48 同上註。又見《孟子師說》（四庫全書），卷一，頁一三—一五。

49 黃宗羲，《明夷待訪錄》（上海：新華書店，一九五七），〈原君〉，頁一—二；〈原臣〉，頁五；〈擇相〉，頁七—八；〈學校〉，頁九—一三。

50 同上註，〈原君〉，頁二。

思想的發展方向，漢學的興起是一個關鍵。漢學最初的目的，誠如余英時所指出，是「迴向原典」[51]，以期恢復儒學的原始精神。但是演變的結果，「婢作夫人」，原來當作工具的考據注疏之學不自覺地變成目的。所謂儒家的「知識主義」於焉出現，馴至侵蝕了儒家的精神信念和超越意識[52]。

漢學家對「仁」的解釋便是一個很好的例證。在宋明儒學裡面，仁絕非僅代表一種人際關係的價值規範，而是含有強烈的超越意識的精神信念。因此，對仁的解釋往往是以「天人合一」的觀念為前提[53]。而漢儒則訓仁為「相人偶」，視仁僅為一種人際關係的範式[54]。由此可證漢儒的內化超越意識的衰萎。

重要的是：清儒的漢學對超越意識的侵蝕絕不只限於其知識主義層面。因為「知識主義」之侵蝕超越意識往往是在不自覺層面上進行，而漢學之反超越卻時而是在自覺的思想層面上立論。從一些漢學家看來，含有超越意識的天、理、性命等觀念，墮於淡玄說虛，而有違離儒家關切現實人生的危險，因此漢學家時有以「禮」取代「理」的主張[55]，造成清儒思想中有外化取向的趨勢，與「知識主義」相伴出現。同時我們也可以了解，乾嘉時代以後，清儒的「知識主義」漸漸退潮，儒家的致用精神稍稍復甦，曾國藩提出「以禮經世」的觀念，絕非偶然[56]。

清儒所說的「禮」當然是涵義極廣：它指行為規範，也指制度儀節，後者並非一成不變，可於清儒對古禮的解釋爭論不休見之[57]。但禮以君主與家族制度為核心則無可懷疑，而這些核心制度上通宇宙秩序也為不爭之論。故清儒以禮代理的間接結果是天人相應的思想強化而天人合一的思想式微，造成批判意識萎弱，當然漢學思想中也並非全無批判意識，如戴震的思想，以及受其影響的揚州學派乃至所謂的「常州學派」都含有不同程度的抗議精神。但是以內化超越意識為基礎而通向權威二元化的批判意識，毫無疑問是受到了窒抑。

前面曾經指出，這種批判意識是肇源於先秦儒家的天人之際思想。重要的是：這

---

51 余英時，《中國近代思想史上的胡適》（台北：聯經出版公司，一九八四），頁七九。又見〈清代學術思想重要觀念通釋〉，《史學評論》（台北），第五期，頁二七。

52 錢穆，《中國近三百年學術史》，上冊，第四章〈顧亭林〉，頁一二二—一五七。

53 牟宗三，《中國哲學的特質》（香港：人生出版社，一九六三），頁二五—三九。

54 錢穆，《中國近三百年學術史》，下冊，第十章，頁四八〇—四八一。

55 同上註，頁四九一—五〇〇。

56 同上註，引曾國藩之語：「古之學者，無所謂經世之術也，學禮焉而已矣。」頁五八三—五八九。

57 同上註，上冊，頁三〇七—三一八；下冊，頁五八三—五八九。

天人之際思想從開始就有其雙重性。一方面是天人合一的內化超越思想；另一方面是天人相應的思想。前者是儒家在樞軸時代的創新，而後者則是殷周宇宙神話的演化。二者在儒家思想發展的各個主要時期，雖有強弱比重之不同，而這雙重性格卻始終持續不變。這就是儒家超越意識的局限，也是批判意識不能暢發，權威二元化思想不能生根滋長的一個基本原因。扣緊這雙重性的演變，我們可以掌握以內聖外王觀念為主導的儒家政治文化之所以與西方以自由主義為主的政治文化異道而馳的一個重要線索。

二、幽暗意識與聖王觀念

所謂幽暗意識是發自對人性中與生俱來的陰暗面和人類社會中根深柢固的黑暗勢力的正視和警惕。在許多古老的文明裡，我們都可或多或少地發現這種幽暗意識的存在[58]。中國也不例外。徐復觀先生曾經強調：中國從周初人文精神開始躍動時就有「憂患意識」的出現[59]。必須指出的是：這種「憂患意識」只是幽暗意識的前驅。因為它只是代表當時的人已經意識到時代的艱難和環境的險惡；而幽暗意識則是指：在

「憂患」之感的基礎上，人們進一步認識他們所體驗的艱難和險惡不是偶發和儻來的現象，而是植基於人性，結根於人群；只要人還是人，憂患便不可能絕跡，因此「憂患意識」雖在周初出現，幽暗意識卻要等原始儒家在所謂的「樞軸時代」肇始以後，才露其形跡。

要談原始儒家，當然從《論語》開始。從正面看去，整個《論語》一書是被成德意識所籠罩，但是換一個角度去看，周初以來的「憂患意識」也貫串全書。孔老夫子，棲棲皇皇，席不暇暖，誠如他所說，是因為「天下無道」[60]。但是細繹這一觀念在《論語》中的意義，可以看出憂患意識已有內轉的趨勢，外在的憂患和內在的人格已被聯結在一起。這內轉的關鍵是孔子思想中「道」的觀念。「夫子之道，忠恕而已

58　關於西方幽暗意識之哲學分析，讀者可參閱 Paul Ricoeur, *The Symbolism of Evil* (Beacon Press,Boston: 1967)；關於印度傳統中幽暗意識之分析，可參閱 Wendy D. O'Flaherty, *The Origins of Evil in Hindu Mytholgy* (University of California Press, 1976)。

59　徐復觀，《中國人性論史，先秦篇》（台中：東海大學，一九六三），第二章，〈周初宗教中人文精神的躍動〉，頁一五—三五。

60　《四書讀本》，《論語》，頁八八、二三〇。

矣」、「人能弘道，非道弘人」[61]。論語中這些話，已清楚地顯示：孔子所謂的道，已不僅指外在超越的天道；它也意謂著人格內蘊的德性。透過這一轉化，孔子已經開始把外在的憂患歸源於內在人格的昏暗。因此，他要談「內自省」和「內自訟」[62]。易言之，《論語》一書已非完全承襲周初以來的憂患意識，後者已漸漸演化成為「幽暗意識」。

可是話說回來，在《論語》中，幽暗意識雖已顯現，但它畢竟是成德意識的從屬和陪襯。而《論語》的成德意識的主趨，畢竟是樂觀精神所凝聚成的道德理想主義，它並未因幽暗意識的出現而受到沖淡。因此孔子所憧憬的仍是古聖王的盛世，所希望的仍是由成德而成聖，由成聖而主政。所謂「修己以敬」、「修己以安百姓」，就是這個意思[63]。聖王這兩個字雖在論語中找不到，但聖王精神卻隱然為它的一個主題。

《論語》中的幽暗意識，在孔子以後，特別是《孟子》和《荀子》的思想裡有定型和定向的發展。談到孟子，首先必須指出的是：他對成德這個問題，與《論語》一樣，是採取「正面進路」，他的中心思想是個人成德之可能，因此強調人有天生的「善端」，本此善端，加以擴充，便可成德，於是而有「人皆可以為堯舜」的結論[64]。不可忽略的是：孟子這種「正面進路」和樂觀的人性論尚有另外一面，不錯，孟子是特別強調人的善端，但他同時也深知這善端是很細微的。「人之異於禽獸者幾希！」[65]這個「幾希」固然是孟子對成德採取樂觀之所本，但也道出了他對人性的現實感。而就是本著這份現實感，後世儒者像王夫之才有「君子禽獸，只爭一線」的觀念；曾國藩才說出：「不為聖賢，便為禽獸」這種警語[66]。

因此，我們可以說：與孟子之樂觀人性論相伴而來的是一種幽暗意識。儘管這種意識表現的方式常常是間接的襯映，或者是側面的影射，它仍顯示孟子對人性是有警覺，有戒懼的。只有本著這份警覺與戒懼，我們才能了解為何孟子書中一方面肯定「人人皆可以為堯舜」，強調人之趨善，「如水之就下」，而另一方面卻時而流露他對

61　同上註，頁八三、二〇三。
62　同上註，頁八三、九六、一五九。
63　同上註，頁一九四。
64　同上註，《孟子》，頁四五九。
65　同上註，頁三九一。
66　錢穆，《中國近三百年學術史》，上冊，第三章〈王船山〉，頁一一四。

成德過程的艱難感，為何他要重視「養心」、「養氣」等種種的功夫[67]。更重要的是：他的幽暗意識與他的人性論中的樂觀精神相揉合而造成他思想中另一重要層面；《孟子》裡面有一段話很清楚地點出這層面：「公都子問曰：『鈞是人也，或為大人，或為小人，何也？』孟子曰：『從其大體為大人，從其小體為小人。』曰：『鈞是人也，或從其大體，或從其小體，何也？』曰：『耳目之官，不思而蔽於物，物交物則引之而已矣。心之官則思，思則得之，不思則不得也。此天之所與我者，先立乎其大者，則小者不能奪也，此為大人而已矣。』」[68]

這一段話的意思是：孟子認為人之自我有兩個層面：一層是他所謂的「大體」，一層是「小體」。孟子有時又稱這兩層為「貴體」和「賤體」[69]。從《孟子》一書的整個義理結構來看：「大體」和「貴體」是代表天命之所賜，因此是神聖的，高貴的。「小體」和「賤體」是代表獸性這一面，因此是低賤的，傾向墮落的。這顯然是一種「生命二元論」，是孟子人性論所表現的另一義理形態。

不可忽略的是：在這生命二元論的結構裡，孟子的重點是大體與貴體，而小體與賤體則是從屬與陪襯。這個重點是符合他的成德思想的「正面進途」，同時也代表他承襲了論語思想的樂觀精神，而認為人雖有「小體」與「賤體」的一面，但那一面是可以克服與淨化的，因此人畢竟還是可以成聖成賢，變成完人的。這裡必須指出的是，孟子認為「人皆可以為堯舜」，並不意謂他視人人在政治上平等，後面這個命題雖然可以是孟子思想的邏輯蘊涵，但他並未作這樣的推論。他仍然認為：「勞心者治人，勞力者治於人」[70]這個觀點的邏輯結論是：一旦一個人因修德而成聖賢，便應該成為政治上的統治者，這便是他所謂的「以德行仁者王」[71]，這個觀念顯然也是屬於「聖王」的思想模式。

在先秦儒家的思想中，荀子的性惡論是對人性的幽暗面作正面的彰顯和直接的強調。在這一點上，荀子與孟子是有著基本的歧異。但不可忽略的是：荀子思想有其複雜性。我們如果仔細分析這複雜性，不難發現：荀子的幽暗意識，雖與孟子不同，但其背後的一些基本觀念卻與孟子有相似之處，只有透視這些基本觀念，我們才能認清

67 《四書讀本》，《孟子》，頁二八五—二八七、頁四四六—四四八。
68 同上註，頁四五四—四五五。
69 同上註，頁四五三—四五四。
70 同上註，頁三二九—三三三。
71 同上註，頁二九四。

幽暗意識在荀子思想中的地位和意義。

對荀子的幽暗意識作一番透視，我們必須從他對心的觀念著眼。從來學者論荀子，大多注意他的「性論」，而不大注意他的「心論」[72]。他的「性論」很簡單，一言以蔽之，就是性惡的強調，但他的「心論」則不如此簡單。不錯，荀子認為心的主要功能是「知能」。但他所謂的「知」有其模稜曖昧的雙重性。一方面，借用宋儒的一個名詞，他視「知」為「聞見之知」；在這一層面上，他認為人雖無先天內在的德性，卻可透過「知能」的學習，吸收外在的禮儀規範，而「化性起偽」，故他說：「途之人可以為禹」[73]。

另一方面，荀子的「知」也帶有精神的知性。他認為心是「形之君也，神明之主也」[74]；心，透過德性的發揮，可以「誠信生神」[75]，是上通「天德」[76]。《荀子．不苟篇》裡有這樣一段話：「君子養心，莫善於誠，致誠則無它事矣。唯仁之為守，唯義之為行。誠心守仁則形，形則神，神則能化矣；誠心行義則理，理則明，明則能變矣，變化代興，謂之天德。」[77]由這一段話，我們可以了解為何荀子談到「知」和「學」時，特別強調需要一個「虛一而靜」的心，一個「大清明」的心[78]；為何荀子不但談「知道」，而且也談「體道」[79]。在這一精神知性層面上談道德轉化，當然與在「聞見」知性的層面上談道德轉化很有不同。但重要的是：不論是哪一個層面，他都認為有成聖之可能，由之而「理天地，總萬物，為民之父母」[80]，也就是說變成聖王。

在先秦儒家裡面，荀子是第一個明白地提出「聖王」的名詞，我在前面曾經指出：這個名詞雖未在《論語》、《孟子》裡出現，但這觀念卻已蘊涵在其義理結構裡

72 唐君毅與Benjamin I. Schwartz為少數之例外，見唐君毅，《中國哲學原論》（香港：人生出版社，一九六六）上冊，第四章，〈原心下〉，頁一一一—一三四。Schwartz, *The World of Thought in Ancient China*, pp. 314-316。

73 見《荀子》（四部叢刊初編縮本），卷一七，頁一七一—一八〇。

74 同上註，卷一五，〈解蔽篇〉，頁一五六。

75 同上註，卷二，〈不苟篇〉，頁一七。

76 同上註，頁一六。

77 同上註。

78 同上註，卷一五，頁一五五。

79 同上註，頁一五四—一五五。

80 同上註，卷五，頁五六。

面。就這一點而言，荀子的幽暗意識並未能突破論孟的政治理想，同時，值得在此指出的是：荀子提出「心者形之君也而神明之主也」[81]的觀念；也就是說，他認為個人生命有心和形的高低主從兩個層面，就這一點而言，他也未能跨出孟子思想中的二元生命觀的結構，去安置他的幽暗意識。

從另外一個角度去看，荀子雖未超越論孟的基本政治理想，但他卻彰顯了聖王理想在論孟二書中隱晦不明的一面，那就是政教合一的觀念。荀子曾說：「天地生君子，君子理天地。君子者，天地之參也，萬物之總也，民之父母也[82]」，這句話蘊涵聖人作為君子之終極，不但是「民之父母」而且也是「天下之道管」。[83]不但可以「通於神明，參於天地」，而且可以「總萬物」。也就是說：「聖王」是集政教的領導於一身。

總之，在論語裡首次出現的幽暗意識，經過孟荀思想的引申和轉折，在先秦儒學傳統中有其不可忽視的地位與功能。同時我們也可看出其觀念上的限制。因為它始終不能突破「聖王」的理想模式。而這聖王模式，經過孟荀思想的發揮，展現三個特點：第一就是一種終極的樂觀精神：幽暗意識雖然出現，儒家仍然相信，人畢竟有體現至善而上通神明之可能。這種理想主義，與西方傳統，特別是基督教對人之認識有起足點的不同，因為後者相信，人的德性不論如何提升，永遠不能體現至善和神性，只有神才能體現完美和至善。而人神之間的鴻溝是無法逾越的。第二就是前面所說的政教合一的傾向。聖人就是法王，而法王應兼人王。這兩個特點，在以後儒家思想的發展上，有其定型與定向的意義。第三，聖王的樂觀精神是含有相當的烏托邦主義的傾向。因為聖主的出現就代表一個完美的理想社會降臨。先秦儒家相信這個理想的社會曾經具體的實現於遠古的過去。因此而有「堯舜之治」和「三代」的憧憬。值得注意的是：儒家的烏托邦理想雖然主要是以過去為取向，因此沒有像基督教與大乘佛教裡面那樣強烈的前瞻性的烏托邦主義。但因為它畢竟是相信聖王是可能會再現的，它的烏托邦主義也是蘊涵著某種程度的未來取向，不可忽視。

在先秦儒家以後，中國思想對幽暗意識作正面的突出與直接的彰顯是大乘佛教。佛教原始教義，就已特別強調無明意識與「苦業」的觀念。大乘佛教興起以後，原始

81 同上註，卷一五，〈解蔽篇〉，頁一五六。

82 同上註，卷五，〈王制篇〉，頁五六。

83 同上註，卷四，〈儒效篇〉，頁四四。

教義經過一些轉折和變化。其中一個重要的轉折就是大乘在無明意識之外，也強調佛性和法身的觀念，不但把二者與涅槃境界等同起來，而且認為二者是植根於個人內在的心性[84]。也就是說：人有內在成佛的潛能，透過「發」心，人可以發揮這個潛能，體現佛性，證成法身。這一發展意謂著大乘佛教已回到古印度的奧義書的中心思想：宇宙的超越真宰是內在人心深處的精神實體[85]。這個中心思想在中國大乘的「真常唯心」系統特別具有影響力，與原始教義的無明意識結合而造成一種二元的思想結構。因為屬於這個系統的天台、華嚴和初期禪宗都認為如來藏內在於每個人的自我，由此而在人的生命中引發兩種可能的發展：一方面是生死流轉；另一方面是涅槃還滅[86]。前者使人沉淪苦海，而後者使人超脫苦海，體現佛性。這也是一種生命二元論的模式，即使是禪宗的主流，所謂南派禪宗，表面上是發展般若空宗的思想，實質上以心性的觀念為基礎，結合般若的智慧與無明意識，仍然不離生命二元論的模式[87]。大乘佛教，在這生命二元論的架構中，對幽暗意識的安排，雖與原始儒家有輕重之不同，但其肯定人可以體現至善與「神性」，則無不同。因此，大乘佛教與儒家傳統接觸以後，在二元論的架構中，有提升幽暗意識的功能，卻無突破原有架構的基本前提的影響。

大乘佛學對儒家幽暗意識的提升，首先反映為儒家的「復性」思想[88]。「復性」這個觀念，顧名思義是人性已經失落，需要恢復，其中的「幽暗意識」已是呼之欲出。我們若再檢視其義理結構，幽暗意識也是有強烈的透顯。因為「復性」觀念的基本前提是：生命有兩個層面——生命的本質和生命的現實。而生命的本質又是人類歷史的本原狀態，生命的現實又是人類歷史的現實過程。於是在這種前提上便出現了對生命和歷史的一種特殊了解。生命的現實雖在理論上不一定是昏暗，卻常常流為昏

84 關於大乘佛教的基本思想演化，可參見木村泰賢，《大乘佛教思想論》（台北：慧日講堂，一九七六）。

85 Heinrich Zimmer, *Philosophies of India* (Princeton University Press, 1969), pp. 355-378.

86 妙欽，〈大乘佛教三大宗派的比較研究〉，收於《大乘佛教漫談》（大乘文庫⑽，一九八〇），頁一〇五—一二四。

87 演培法師，《金剛般若波羅密經講記》（台北：海潮音雜誌社，一九七〇）。

88 晚唐學者李翱，著《復性書》，為宋儒思想之先驅，李翱之復性書頗受梁肅之《止觀統例》影響。而《止觀統例》乃發揮天台宗之如來藏思想。後者，以如來藏本具染淨二性為基本觀點，在基本上是屬於二元論架構。見馮友蘭，《中國哲學史》，第九章，〈隋唐之佛學下〉，頁七五一—七九九及第十章〈道學之初興及道學〉中「二氏」之成分，頁八〇五—八一二。

暗。因此，由生命的本質到生命的現實便常常是一種沉淪。依同理，人類歷史的本原狀態和生命的本質一樣，是一個完美之境，但在歷史現實過程中卻時時陷入黑暗。在這樣的思想背景下，就形成了復性觀的主題：本性之失落與本性之復原；生命之沉淪與生命之提升。這個主題和結構，顯然是儒家和佛家的生命二元論的揉合。

幽暗意識在宋明儒學裡，不但表現為「復性」的思想，同時也反映為另一種趨勢。宋明儒學的主流認為：宇宙萬物，包括人在內，均由理與氣兩種質素構成；而二者都代表宇宙存有的正面性。理固然是代表善性，就是氣在基本上也屬善性。因此，就宇宙的基本存有而言，是無陰暗罪惡可言的。只是在氣的流動生化中，才有陰暗罪惡的衍生。但是宋明儒學，在發展過程中，卻有視個人生命為善惡兩極，對立互爭的趨勢，這個趨勢大大地提升了宋明儒學的幽暗意識，因為朱子曾說過下面這樣一段具代表性的話：「以理言，則正之勝邪，天理之勝人欲，甚易。而邪之勝正，人欲之勝天理，甚難。以事言，則正之勝邪，天理之勝人欲，甚難。而邪之勝正，人欲之勝天理，卻甚易。正如人身正氣稍不足，邪便得以干之。」[89]換句話說，朱子認為：照道理言，正應該克邪；但在現實人生裡，邪卻是經常勝正的。

朱子不但從天理與人欲的對立去看人生。同時也從這個角度去放眼看歷史。在他看來，歷史的本源，也就是所謂的「三代」，是天理流行，一片光明淨潔，而歷史的現實過程，所謂三代以後，即使是漢唐盛世，也多半是人欲氾濫，一片黑暗[90]！他在答陳同甫的信裡，把三代以後，歷史的沉淪，說得最為明白斬截：「若以其能建立國家，傳世久遠，便深其得天理之正，此正是以成敗論是非，但取其獲禽之多，而不羞其詭遇之不出正也。千五百年之間，正坐如此，所以只是架漏牽補過了時日。其間雖或不無小康，而堯舜三王周公孔子所傳之道未嘗一日得行於天地之間也。」[91]這些話，出自朱子之口，道盡了宋明儒學正統派中的幽暗意識。

幽暗意識不僅限於程朱學派，就在對成德充滿樂觀與自信的王學裡，也時有流露。陽明雖以朱學為敵，但他仍以「去人欲，存天理」為基本關懷。同時，王學雖然很少直接談「復性」這個觀念，但「復性」所代表的生命觀，卻仍然是王學思想中基本的一環。《陽明全集》裡，學絕道喪，人心陷溺的感喟，隨處可見。王學的樂觀是

89 錢穆，《朱子新學案》，卷一，頁四一二。

90 同上註，頁四一五—四一八。

91 同上註，頁四一四。

來自陽明之深信他發現了挽救人心，培養德性的獨特方法，而並不代表他無感於人心的陷溺。

在《陽明全集》裡有下面一段話充分顯示他對「學絕道喪」的感受：「古今學術：誠偽邪正，何啻碔砆美玉，有眩惑終身而不能辨者，正以此道之無二，而其變動不拘，充塞無間，縱橫顛倒，皆可推之而通。世之儒者，各就其一偏之見，而又飾之以比擬仿像之功，文之以章句假借之訓，其為習熟，既足以自信，而條目又足自安，此其所以誑己誑人，終身浸溺而不悟焉耳，然其毫釐之差，而乃致千里之謬，非誠有求為聖人之志，而從事於惟精惟一之學者。莫能得其受病之源，而發其神奸之所由伏也。若仁之不肖，蓋亦常陷溺於其間者幾年。倀倀然既自以為是矣。賴天之靈，偶有悟於良知之學，然後悔其向之所為者。固包藏禍機，作偽於外，而勞心日拙者也。十餘年來，雖疼自洗剔創艾，而病根深痼，萌蘖時生，所幸良知在我，操得其要，譬猶舟之得舵，雖驚風巨浪，顛沛不無，尚猶得免於傾覆者也。夫舊習之溺人，雖已覺悔悟，而其克治之功，尚且其難若此，又沉溺而不悟，日益以深者，亦將何所底極乎。」是根據這種體驗，他才說出這樣的話：「戒懼之念，無時可忽。若戒懼之心，稍有不存，不是昏聵，便已流入惡念。」92

王畿是王門中最富樂觀精神的一位，他對一般人成德之信心可於他的「見成良知」這一觀念看出[93]。但同時他卻能夠對人性中所潛藏的罪咎和陷溺作深入的體認。他曾說過：「吾人包裹障重，世情窠臼，不易出頭。以世界論之，是千百年習染；以人身論之，是半身依靠。」[94]因此，他才對宋明儒學的「復性」觀念有這樣的解釋：「吾人一身學問，只在改過，須常立於無過之地，方覺有過，方是改過真功夫，所謂復者，復於無過者也。」[95]

這種幽暗意識，在王門另外一位重要人物——羅洪先的思想中有同樣的透顯。他對自己內心深處所蟠結的罪咎，曾作勘查入微的反省：「妄意於此，二十餘年矣，亦嘗自矢以為吾之於世，無所厚取，自欺二字，或者不至如人之甚，而兩年以來，稍加懲艾，則見為吾之所安而不懼者，正世之所謂大欺，而所指以為可惡而可恥者，皆吾之處心積慮。險托之命而恃以終身者也。其使吾之安而不懼者，乃先儒論說之餘而冒

92 《明儒學案》（台北：世界書局，一九六五），頁八一。
93 同上註，卷一二，〈浙中王門學案二〉，頁一〇一。
94 錢穆，《宋明理學概述》（台北：台灣學生書局，一九八四），頁三二三。
95 《明儒學案》，卷一二，頁一〇九。

以自足，以知解為智，以意氣為能，而處心積慮於可恥可惡之物，則知解之所不及，意氣之所不行，覺其缺漏，則蒙以一說，欲其宛轉，則加以眾證，先儒論說越多，而吾之所安日密，譬之方技俱通，而痿痺不恤，搔爬能周，而疼癢未知，甘心於服鴆，而自以為神劑，如此者不知日月幾矣。嗚呼，以是為學，雖日有聞，時其習明師臨之，良友輔之，猶恐成其私也。況於日之所聞，時之所習，出入於世俗之內，而又無明師良友之益，其能免於前病乎，夫所安者在此，則惟恐人或我窺，所蒙者在彼，則惟人不我與，託命既堅，固難於拔，用力已深，益巧於藏伏，於是毀譽得失之際，始不能不用其情，此其觸機而動，緣釁而起，乃餘痕標見，所謂已病不治者也，且以隨用隨是之體，而寄寓於他人口吻之間，以不加不損之真，而貪竊於古人唾棄之穢，至樂不尋，而個人之顏色以為欣戚，大寶不惜。而冀時之取予以為歉盈，如失路人之志歸，如喪家之丐食，流離奔逐，至死不休，孟子之所謂哀哉！」[96]

是經過這種深切的反省和自訟，他才能對生命的陰暗面有深切的感受：「吾輩一個性命，千瘡百孔，醫治不暇，何得有許多為人說長道短耶？」[97]

這種生命的感受，在晚明劉宗周的思想裡有更明顯的流露，造成幽暗意識在宋明儒學裡一個空前的發展。例如他在《人譜》一書中，把成德的實踐過程分成六步，每一步都有罪咎的潛伏，都有陷溺的可能。他在總結第六步——「遷善改過以作聖」時，曾有這樣的話：「學者未歷過上五條公案，通身都是罪過，即已歷過上五條公案，通身仍是罪過。」[98]接著在《人譜續篇．紀過格》裡，他對這「通身的罪過」有極詳盡的抉發和分析。他把罪過分成六大類，每一大類再細分成各色各種，其中第一大類，劉宗周稱之為「微過」，最足以表現他對罪過勘查的細微：「以上一過實函後來種種諸過，而藏在未起念之前，彷彿不可名狀，故曰微，原從無過中看出過來者。『妄』字最難解，直是無病疼可指。如人之氣偶虛耳，然百邪此易入。人犯此者一生受虧，無藥可療，最可畏也。」[99]

《人譜》裡面所表現的罪惡感，簡直可以和其同時代西方清教徒的罪惡意識相提並論。宋明儒學發展到這一步，對幽暗意識，已不只是間接的映襯和側面的影射，而已變成正面的彰顯和直接的透視了。

96《明儒學案》，卷一八，頁一七七—一七八。

97 同上註，頁一七八。

98《劉子全書》（台北：華文書局，一九六八），卷一，〈人譜〉，頁一七一。

99 同上註，頁一七二。

由宋明儒學的思想環境而論，幽暗意識的提升，並不足異。前面提到，儒學在唐宋之際的復興，曾受大乘佛教甚深的影響，而此影響在以後宋的儒學的演化過程中是持續不斷的。尤其在晚明，三教合一的風氣使得儒佛的溝通更加頻繁。吳百益教授曾經指出，佛學大師雲棲袾宏就曾是佛教的幽暗意識在晚明散發的一個管道[100]。同時，必須指出的是：儒學思想中內化的趨勢也是助長幽暗意識提升的一個重要內在因素。因為內化的趨勢加上成德實踐的需要，使得內心的省察更形重要，終於變成宋明儒學（特別是陸王心學）的中心課題。必須注意的是：這種由道德實踐所推動的內心省察是一個精神掙扎的過程。在這過程中，體會到心靈淨化的重重困難和障礙，進而重視人心中的幽暗面也是很自然的結果。

重要的是，在彰顯宋明儒學這方面的發展時，我們不能孤立地去強調幽暗意識的提升，因為從朱熹到王陽明乃至劉宗周，不論復性思想或者「理欲兩極」的思想都是以四書的義理結構為背景，而四書的義理結構是結穴於大學模式。所謂大學模式是由兩個觀點所構成：一、人可由成德而臻至善；二、由成德的人領導與推動政治以建造一個和諧的社會[101]。這就是聖王觀念。作為大學模式的中心思想，這個觀念仍是宋明儒學所孕育的幽暗意識的前提。因此幽暗意識，儘管在王學裡有著空前的提升，並未突破聖王觀念所代表的儒家終極的樂觀精神。

由於四書的思想在宋以後的中國社會裡有著廣被的流傳，對中國政治文化產生決定性的影響是大學模式和聖王觀念，而非附屬其中的幽暗意識。不錯，十七世紀以後，漢學的發展使得荀學變成清儒思想中的一個暗流，可是荀學在清儒思想中發酵的一面不是其幽暗意識，而是它的禮學與「知識主義」[102]。這裡值得順便一提的是：荀子思想的幽暗意識在清末漢學重鎮俞樾的思想裡曾有浮現[103]；而俞氏的弟子——章炳

---

100 Pei-yi Wu, "Self-examination and Confession of Sins in Traditional China," *Harvard Journal of Asiatic Studies*, vol. 39, no. 1(June, 1979), pp. 5-38.

101 《四書讀本》，〈大學〉，頁一—一六。

102 關於荀子的禮學在清儒的「漢學」思想中的地位：見錢穆，《中國近三百年學術史》，第八章〈戴東原〉與第十章〈焦里堂，阮藝臺淩次仲〉；關於清儒思想中的「知鐵主義」，見余英時，《歷史與思想》（台北：聯經出版公司，一九七六），〈從宋明儒學的發展論清代思想史——宋明儒學中知識主義的傳統〉，頁八七—一二〇。〈清代思想史的一個新解釋〉，頁一二一—一五六。

103 俞樾，《賓朋集》，卷四五，〈性說〉上下二篇，闡揚荀子的性惡論而駁孟子的性善論：『《荀子》必取於學者也；《孟子》必取於性者也。從《孟子》之說，將使天下之人，恃性而廢學，而釋氏之教得以行於其間；《書》曰：「惟日其邁」；（《周書》〈召誥〉）《記》曰：「率性之謂道」（《中庸》首章）

麟，承受俞氏在這方面的影響，加上大乘佛教的無明意識的震盪，曾對中國近代思潮中的樂觀精神與烏托邦的傾向作正面的挑戰，在當時思想界獨樹一幟[104]。但是從長遠的發展看來，俞、章二氏的幽暗意識只是曇花一現，傳統對中國近代政治文化發生影響的是聖王觀念及其附麗的烏托邦思想傾向。誰也不能否認：政治權威主義，烏托邦心態和政教合一的觀念曾經是近代政治文化的一些主導傾向[105]。同時，誰也不能否認這些傾向多少以中國傳統遺留下來的聖王觀念為其淵源。因此，今天我們剖析傳統中幽暗意識的成長以及其與聖王觀念的關係也是發掘中國近代政治文化的一個重要癥結。

總結的說，我在這篇文章裡就「聖王」這個理想從兩方面作了分析。一方面是就「聖王」理想與傳統秩序的義理基礎的關係而言。在這方面，我們發現「聖王」觀念的批判性很強，有發展權威二元化的思想的契機。但是由於儒家超越意識的局限，「聖王」觀念的批判性，在儒家傳統的演化中，並未能暢發，而權威二元化思想的契機，也未能充分的展現。

重要的是：即使聖王理想的批判意識得以暢發，這也並不意謂：儒家傳統可以有西方自由主義的發展。因為聖王是儒家的終極政治理想，從這方面去看，它是含有

「政教合一」式的權威主義和烏托邦主義的傾向。這些傾向是和西方自由主義異道而馳，不可輕易的相提並論。

這些結論是根據我們就聖王觀念所蘊涵的超越與幽暗兩種意識的分析而達成的。這裡必須進一步指出的是：這兩種意識都是主要植基於儒家傳統所謂的內聖之學，因為天人之際和人性善惡都是屬於「內聖之學」的核心問題。就這一點而言：今日一些學者對「內聖外王」這一觀念所作的一些闡釋是很可商榷的。他們認為：儒家傳統的「內聖之學」已經臻於完備，而傳統的癥結是在於外王之學的局限。由於這局限，內聖之學的精義無以暢發與彰顯。但是，誠如朱熹在《大學章句》和《大學或問》裡所

《孟子》之說，率其性者也；《荀子》之說，節其性者也。夫為君子之責者，在使人知率其性；人者，在使知節其性者也。故吾人論性，不從《孟》而從《荀》也。』

104 見拙著，*Chinese Intellectuals in Crisis, Search for Order and Meaning, 1890-1911* (University of California Press, 1987). Chapter 4, "Chang Pring-lin", pp. 104-145.

105 見拙著，"Intellectual Crsis of Contemporary China in Historial Perspective," Paper Writen for the Conference on Confucian Ethics and the Industrial East Asia, Sponsored by the Institute of East Asian Philosophies, Singapore.

強調，「新民」和「明德」（也就是說經世與修身）是兩個互相依存，無法分開的觀念；我們可以同樣的說：內聖和外王也是兩個互相依存，無法分開的理念。因此，儒家傳統不能在政治思想上開出民主自由的觀念，我們不應只歸咎於儒家的外王思想。實際上，根據我在上面所作的分析，外王思想的局限是與內聖思想的偏頗有密切的關聯。也就是說，分析傳統的政治理念，我們不能只孤立地就傳統政治思想的發展去看，必須跳出名詞範疇的藩籬，把問題的癥結放在整個儒家的義理結構去看，才能窺其全豹，而抉其底蘊。

新儒家與當代中國的思想危機

林鎮國　譯

一

一九五八年初，香港出刊的保守派雜誌《民主評論》，特載了海外中國四位名學者所共同署名的一篇宣言，向全世界宣示他們對中國文化所持的立場[1]。自一九四九年後，這四人是中國文化傳統最為積極與闡揚最力的發言人，所以此篇宣言足以代表保守思想趨勢的重要大綱，這種保守思想依然十分活躍於當代海外中國的思想界，一般即稱之曰「新儒家」。

新儒家並不是從一九四九年後才突然地出現於思想界，而是自五四時代以來經過長期發展的一股趨勢。這篇宣言的簽署者之一——張君勱，他是提倡民主政治的老將，也是民社黨的領導者，自五四時即熱烈地捍衛中華文化傳統。其他牟宗三、唐君毅與徐復觀三人，都是任教於港台的中國哲學與文學教授。也都是保守派大師熊十力的弟子門人[2]。他們的思想見解亦受到梁漱溟的影響，只不過影響的程度各不相同而已。梁漱溟是另一文化保守主義的倡導人，也是熊十力的好友。如同張君勱，熊、梁二人亦早在二十世紀初期就達到了思想的成熟期，而且在五四運動後幾年即開始提倡文化的保守主義[3]。因此，一九五八年宣言所代表的當代新儒家思想，可說是自一九二〇年代的保守主義主流所發展而來的。

自始，新儒家即顯著地與其他二支文化保守主義不同，這二支文化保守主義在五四之前的文化界已頗具聲勢。其一的「國粹學派」從一般文化的或種族的特性的觀點，來界定中國固有的國性，新儒家則不如此，而是從傳統流派之一支儒家——來認同於中國文明。當國粹學派以排外意識的立場，在某一文化種族的歷史特性中，尋求中國固有的國性之時，新儒家卻以普遍意識來宣稱，在儒家思想裡，中國文化具有超越其文化特殊性的價值。

1 感謝劉述先教授審閱本文並提出有益的意見與指正，牟宗三諸人的〈為中國文化敬告世界人士宣言〉一文，於後簡稱〈宣言〉，刊於《民主評論》，九：一（一九五八）。（譯按：此文後來以〈中國文化與世界〉為題收錄於唐君毅《說中華民族之花果飄零》與《中華文化與當今世界》二書中。）

2 牟宗三，《生命的學問》（台北，一九七〇），頁一三二—一五六；唐君毅，《中國文化之精神價值》（台北，一九六五，於後簡稱《價值》），頁二—三；又見徐復觀在重印《佛家名相通釋》（熊十力，台中，一九六一）一書的序言，頁三—四。

3 賀麟，《當代中國哲學》（南京，一九四七），頁九—一六。

這種對儒家之普遍性意義的強調，令人想起現代中國保守主義的另一早期發展，即是一八九〇年代後期康有為所倡的儒教運動，這運動視儒家為全國性的與世界性的宗教。直到民國初年，康有為和他的弟子仍致力於建立一全國性的儒教組織，藉以對抗基督教的傳布[4]。為了支持「保教」運動，康有為採取了十九世紀復甦的漢學今文家的理論，形成康氏對儒家之獨特的詮釋。這種詮釋的重點在於康氏視孔子為一教之主，猶如基督教的教主一般[5]。

一如康有為的保教運動，在新儒家中也有視儒家為宗教道德信仰的明顯趨勢。康氏嘗試以建立儒教教會的組織為基礎來提倡儒學，新儒家則以明示孔子宗教哲學性的信念來提倡儒學。當康氏從今文漢學汲取其對儒家的宗教性詮釋，新儒家則從宋明理學裡建立儒學的宗教觀。事實上，新儒家與其他當代中國的文化保守主義的最大分野，即在於其自視為宋明理學「倫理精神象徵」（ethicospiritual symbolism）的現代維護人，他們視此為儒家信仰的精髓。這種對宋明理學之「倫理精神象徵」的強調，仍存於一九五八年文化宣言之中。這是本文底下所要疏解的。

二

五四運動之後，各方都無情地打擊儒家，其時卻出現了一些學者要求重振宋明理學，因此不可避免地產生一個問題：是什麼原因推動了當代的新儒家？在文史學者和社會科學家中，有一十分流行的見解，即以「文化認同」的概念來解答這問題[6]。根據這見解，處於文化急劇變遷下的社會，人們似乎淹沒於新的經驗，脫節於舊有的傳統。人們開始想知道「他們從何而來，他們是誰，要到何處去」這一系列的問題。他們急於與「過去」之間重建有意義的關聯，來承擔時代的變遷震撼，並在自我之中定住方向。

4　陳榮捷，*Religious Trends in Modern* (New York: Columbia University Press, 1953), pp. 5-8。

5　James R. Puseg, "Kang Yu-wei and pao-chiao: Confucian Reform and Reformation," in *Papers on China* 20 (1966): 144-176.

6　Joseph R. Levenson, *Confucian China and Its Modern Fate* (Berkeley: University of California Press, 1958), pp. xiii-xix.

隨著焦慮的產生，人們經歷到文化認同的危機。幾十年來，中國一直處於劇烈的變局裡，因此這種危機在知識分子裡擴張和尖銳化是不足為奇的。在中國，由於變局的成因以及隨之而來的屈辱挫折，主要來自外國，致使這種認同危機更加複雜。結果，中國的文化認同危機出現了非西方國家所共有的典型特性，那就是，因西方的衝擊而產生的屈辱形成了情結，這種情結使中國知識分子在潛意識中去尋求心理上的補償，宣稱中國文化可與西方文化並駕齊驅，甚或較之更為優越[7]。

文化認同的觀念是有助於闡明新儒家思想的某些方面。例如，新儒家認為中國的文化遺產能容納諸如民主與科學等現代西方的價值。在與世界其他主要文明（特別是西方文明）的比較中，他們一再地強調中國文化傳統的獨特與悠久綿延[8]。

可是，在另一方面，文化認同的觀念雖然有用，仍有很大的局限性。作為詮釋的工具，這些觀念一方面顯得太寬泛，另一方面又太狹隘。說是太寬泛，是因為新儒家的某些重要方面固可視為他們對文化認同之需要的反映，然而，何以此種「需要」會表現於新儒家思想的特有形式中，「需要」本身卻無法解釋其因。換言之，由於所有中國知識分子都感受到文化認同的危機，文化認同這觀念便不足以說明出現於新儒家的特有形式。再者，假定他們只專注於界定中國的特性（Chineseness），這卻留下一個問題，那就是何以新儒家在許多中國文化傳統中單單認同於一組文化理念。

同時，文化認同的觀念也太狹隘。新儒家學者總是以儒家「道德精神象徵」為中心來表達他們的思想認同，文化認同觀念用來解釋這種傾向將顯得更是狹隘。這種解釋需要一基本的假定，那就是中國知識分子關心自家的文化傳統只能發之於他們對中國性的特定關懷。這設定忽略了中國知織分子也可能在超文化的（transcultural）普遍立場上去關懷過去自己的文化。總之，某些中國知識分子是可能感覺他們的某些問題不單是中國文化群體的成員所特有，也是人類全體所共有。再者，在自家傳統中最為熟悉的文化源頭裡，他們視為人類境況的普遍性問題也可能就引導他們尋找到方向與

---

7 同上；有些文化史學家認為，這種情緒性的情結正顯現出文化認同危機的核心所在。然而和這情結同樣重要的是，中國對文化認同的需要也包含了重要的非情緒性成分，就如「思想評價」（intellectual-evaluative）的需要以界定文化傳統的意義，以及參考其他文化來對中國文化加以評價。認為中國尋求文化認同不過是情結的表現，這種論調帶有「心理化約說」（Psychological reductionism）的味道，適足以曲解中國思想危機的主要部分。

8 〈宣言〉，頁五—六、九—一四、一六—二〇，又見《中國文化之精神價值》，頁一—一六、三四五—四〇九。

答案。簡言之，中國的知識分子也和其他人一樣很容易在其思考中將人類對普遍性問題的關切與對自身傳統的特定關切融為一體。

要想認識新儒家思想的獨特之處，我認為與其放棄文化認同的觀念，不如超越此觀念。而超越的最好方法就是把新儒家看作對近代思想危機的迴應（此思想危機始於一八九五而在五四時代達到高潮）[9]。在文化認同危機的背景下，固然可以看到新儒家思想的某些方面，然而必須在面對五四時代之其他問題的脈絡裡（此其他問題即指「意義的危機」與對「科學主義」的反動），我們才可以了解其突出的道德精神及其宋明理學的取向。

三

「意義危機」（the crisis of meaning）是現代中國思想危機的一個層面，並沒有獲得應有的注意。「意義危機」的源頭如同人類歷史那般久遠，而在中國一如其他的地方，對敏銳的心靈來說，生命與世界的根本意義經常是吸引人的問題。當新的世界觀和新的價值系統湧入中國，並且打破了一向藉以安身立命的傳統世界觀和人生觀

（Weltanschauung and Lebensanschauung）——或如Susanne Langer所稱之「一般取向的象徵」（the symbols of general orientation）——之時，問題變得更加困擾。各種爭持不下的新說使得傳統值取向的象徵日益衰落，於是中國人陷入嚴重的「精神迷失」境地，這是自中古時代佛教傳入中土後所未有的。

要了解中國知識分子所遭到的「意義危機」，吾人先要探討「迷失」的不同層次。首先從道德價值開始。在一八九五年到一九一一年之間，西方思想大量地侵入，同時固有思想的非正統流派又告復活，儒家傳統的一些重要的道德政治價值（moral-political values）首遭詰難[10]。到了一九一〇年代末期，當五四的狂熱反傳統主義要求對所有價值，特別是整個儒家的道德傳統，重加評估之時，「迷失」狀態達到了極

---

9 「危機」在這裡並非意指迫在眉睫的巨災大禍，而是當發展轉變到新的方向時，必然伴隨著空前未有的變動，這變動是以極快加速的節拍進行著，「危機」即指此時的轉捩點和決定性時期。要了解何以思想危機始於一八九〇年代末期，可參考張灝：*Liang Ch'i-ch'ao and Intellectual Transition in China, 1890-1907*（Cambridge, Mass.: Harvard University Press, 1971）。

10 同上註。

致[11]。他們的「道德反傳統主義」範圍之深廣，可能在當今世界上無出其右者；非西方的歷史文明在經歷現代的轉型之際，絕無如中國一般，像火鳳凰衝動地看著自己的文化傳統完全地被否定掉。這種激進的反傳統主義，造成道德迷失的普遍心理，也自然產生了強烈的焦慮。

緊接於「道德迷失」的是「存在迷失」。宗教與存在主義提醒我們，焦慮與人類的存在是相俱而來的，焦慮來自苦難、死亡、命運，以及雅斯培所說的「極限之境」（boundary situations）等等之存在困境，而且焦慮也是人生所無法避免的[12]。在現代世界，生命的存在困境並不一定比過去更尖銳。但當傳統宗教信仰的象徵性之庇護遭到破壞時，這些困境不可避免地會給中國人造成新的痛苦之源。

一八九〇年代末期到五四時代之間，廣泛地討論到道德危機的問題，而且存在的悲觀意識也很普遍。這種氣氛瀰漫在當時的詩文，尤其在王國維的文學思維上更為顯著。從當時許多中國知識分子投入大乘佛學的研究，即可看出這種時代氛圍。事實上，新儒家初期的梁漱溟和熊十力，在早年尚未轉向儒家之時，他們亦想透過佛學的研究來解決存在的問題[13]。

除了價值和存在的迷失，精神危機還有另一層面，這層面頗難為名，且謂之「形上的迷失」。在涵蓋一切，面面俱到的傳統宗教和哲學的形上世界觀的庇蔭下，過去的中國知識分子生活在一個具體而且可理解的世界中。到了現代，隨著科學的輸入，傳統世界觀因而化滅。對許多受過教育的中國人來說，科學的衝擊並非全然的困擾，由於科學的發展，外在世界變得可以理解了。但是，就在這一方面，科學仍是有限的。因為科學雖然能回答許多「什麼」（what）和「如何」（how）的問題，可是對於「究竟因」（ultimate why）卻無以作答。因此，科學因其本質之故，無法取代傳統中廣涵一切的世界觀。

研究二十世紀中國知識分子的史學家經常注意到他們特別容易受到全盤而獨斷性的哲學與意識形態的引誘與影響。這當然與他們急切地想為中國繁雜的社會、政治問題尋求一個萬靈丹的需要有密切關係。無論如何，這仍反映出他們尋求廣涵一切之世界觀的形上需要，這種世界觀是天地間的認知指南，藉此在這令人不知所措的新環境

11 周策縱，*The May Fourth Movement: Intellectual Revolution in Modern China*（Cambridge, Mass.: Harvard University Prtess, 1960）, p. 59.

12 Paul Tillich, *The Courage To Be*（New Haven: Yale University Press, 1965）, pp. 32-57.

13 賀麟，頁九、一三。

中，不論時空都可以幫助我們決定吾人的方向。

在現代中國，精神迷失的特色是道德迷失、存在迷失和形上迷失三者是同時存在的，而不在於任一項的各別出現。位於現代中國之「意義危機」的根源，來自此三種迷失的融合。唯有從這個背景才能把握到：新儒家學者在許多方面如何對傳統採取立場。他們的思想大多可視為「意義的追求」，企圖去克服精神迷失，而精神迷失正是中國知識分子之中許多敏慧的心靈所感受到的問題。當然，精神迷失的問題並不是新儒家所獨有，而是為全中國各派別的知識分子所共同面臨。而他們特別地與儒家「宗教道德象徵」認同的因素卻來自他們對「科學主義」的反動的脈絡中尋到。

四

二十世紀初期，科學主義在中國所出現的面貌，首先是一種膨脹的科學觀念，認為科學是無所不包的自然知識系統，不只提供吾人以關於自然宇宙的客觀真實，還指示對人生和社會的態度。其次，科學主義還含有一信念，認為科學代表思考的模式，代表了解生命和世界之唯一有效途徑的方法學[14]。在五四運動後，知識分子還繼續廣泛地接納這種過度宣揚的科學概念時，科學主義也開始遭到強烈的反激。事實上，緊在五四後幾年，梁漱溟出版了《東西文化及其哲學》一書，同時「科玄論戰」發生，於是在一九二〇年代初期，就產生了對科學主義的反動[15]。新儒家作為一個成型的思想潮流就是由這一反動而引發。

梁漱溟和科玄論戰中主張玄學的大將——張君勱，兩者都接受科學為自然系統的觀念。然而，關於科學主義對於人生和社會的看法，兩人都深感不安。梁氏認為科學本來就包含有害的生命觀——粗俗的功利主義和過度的戡世精神，這需要藉著孔子仁教所開展出的中國精神文化來加以糾正。張氏則認為，科學產生了機械論的和決定論的世界觀，為了對抗這種世界觀，中國文化傳統中的，尤其是陽明哲學中的道德理想主義是必需的[16]。他們的這種看法反映他們對於「科學代表達到『全然真實』之唯一

14 要了解科學主義的觀念，可參考Charlotte Furth, *Ting Wen-chiang: Science and China's New Culture*（Cambridge, Mass.: Harvard University Press, 1970), pp. 14-15；又見D. W. Y. Kwok, *Scientism in Chinese Thought*（New Haven: Yale University Press, 1965), pp. 3-30。

15 D. W. Y. Kwok, pp. 135-160.

16 梁漱溟，《東西文化及其哲學》（上海，一九二二），頁二五—三四、一一四—一六〇；張君勱，〈我

有效途徑」的論調，非常反對。梁氏相信一個更高層的宇宙道德真實（Cosmic-moral reality）的存在，這是需要由直覺和精神心靈才能證得[17]。張氏則認為生命的全部領域有一種有機的和精神的獨特性，這不是科學所能分析的。因而，他認為世界分為兩個真實的領域：一是自然的領域，一是人事的領域。科學提供前者的知識之鑰，然而在後者的研究上卻無甚價值；關於人事領域，根本的了解是個人的、直接的、同情的理解方式，亦即是直覺的了解[18]。

在新儒家學派裡，熊十力在打擊科學主義上提供最為重要的思想動力，對於活動於一九四九年後思想界的新儒家學者，熊氏比任何早期新儒家更具影響力。熊氏的主要哲學著作大多出於一九三〇年代和一九四〇年代，這可視為早期新儒家和今天仍活躍於港台二地的新儒家之最重要的精神橋梁。

熊十力，一個開創性的自學學者，其思想發展始於佛學的潛心研究，然後再轉向於儒學。他並非因知解上的興趣才從事其宗教性哲學的研究，而是發自於尋求安身立命的存在之實感。因此，他主要的哲學努力乃基於對生命「意義」的深刻感受。這種感受具體化為杜維明所稱的「存有學的睿見」（Ontological vision）[19]。「存有學的睿見」乃是他從儒家的理想主義哲學和大乘佛學唯識宗思想發展而來，而此「睿見」就是將「宇宙的終極真實」視為「宇宙心靈」之辯證的創造過程；「宇宙心靈」不只是超越的本體，也是內在於所有經驗的具體存在中，為其內在本質。雖然，熊氏堅稱他的哲學是一種形而上的一元論，事實上，他的思想包含有一個二分的世界觀，強調現象界和形上真實界的區分。就現象界而言，人類知識的目的即是科學真理。至於形上真實界，對之尋求科學真理就是走錯方向，因為依熊氏之見，在形上真實界中主客不分，知解和道德也融為一體，成為一無分別的經驗整全，這本體的整全非科學的分析與推理性論證所能探究。這「本體的整全」，或「終極實在」，只能以直覺和同情心之運作而證得。由這種方法獲得的真理，熊氏謂之「玄學的真理」，相對於「科學的真理」。熊氏以「體認」和「證會」來描述直覺和同情心的運作，同時含有儒佛兩家所強調「對終極實在之個人的、當下的、超越的體驗」的意思[20]。

之哲學思想〉，見於《民主社會》六・一：一—四（Feb. 1970）。

17 梁漱溟，頁一二一—一三〇、一四九—一五〇。

18 張君勱，〈我之哲學思想〉，頁二—三。

19 杜維明，"Hsiung Shih-li's Quest for Authentic Existence," in *The Limits of Change*。

20 陳榮捷，*Religious Trends*, pp. 33-43；又見熊十力，《十力話要》（台北，一九六二），上，頁四八b—

新儒家認為，對世界能夠產生主觀的當下的靈明的了悟之進路，即可補足客觀的邏輯因果的思考模式，而不是否定科學思考的用處；這是新儒家的一般思想趨勢，可以熊十力、梁漱溟、張君勱的觀點為代表。就此而言，新儒家只是反科學主義，而並不反科學。

一九二〇年代早期有一次為時甚久的論戰，討論科學方法在詮釋中國文化遺產的價值，這時反科學主義的思想正式登場（譯按：一九二三年，開始古史辯論戰，一九二三年，科玄論戰）。在二十世紀的中國，這次論戰和另一次全盤討論中國傳統價值的熱烈論戰並行發展，有時也彼此纏雜一起。「科玄論戰」的重點主要是評價性的問題：在現代世界，中國文化傳統有何價值？與現代世界有何關聯？對這些問題將採何立場？「古史論戰」的關鍵則在於「思想方法」的問題：不論中國傳統的價值如何，先問如何去了解它？五四運動後，新儒家的思想家反對當時盛行的史學運動，這運動是由胡適、顧頡剛和其他以科學實證論的原則整理國故的學者所倡導。這項流行的運動致力於採用自然科學的模式，「客觀地」研究文史問題。客觀主義使「國故運動」之輩認為過去中國文化所累積的不過是一堆可經考證的材料，有待科學方法重加整理[21]。新儒家則認為，實證客觀的思考模式固然可重建傳統的外觀，然而無法引導人們去深人把握存在於傳統核心的精神道德的意義。他們相信，唯有直覺的、體證的進路，才能獲取生命的精神道德的意義。

新儒家與實證派的論爭，令人想起清代漢學與宋學的長期之爭。漢宋之爭的關鍵也是在於了解孔子學說與中國文化遺產的進路的觀點上彼此互不一致。漢學主客觀的、經驗的、考據的進路；宋學則持主觀的、義理的進路[22]。五四後的論爭雙方對於是否承續漢宋之爭已不在意了。當對方經常以清代樸學家自視之際，相對的，新儒家卻以宋明理學之義理進路的現代鬥士自居。實則，這兩次論爭之間並沒有什麼承續關係可言。五四後的論爭是發生於當代思想危機的脈絡裡，而漢宋之爭則是傳統中內在發展的結果。外國的影響並沒有參與到漢宋之爭，可是卻在最基本的方面影響了新儒家及其對方的論爭。對於這些以科學方法研究國故者，外國的影響是明顯的，他們多

五五；下卷，頁一一b—二四。

21 胡適，〈清代學者的治學方法〉、〈論國故學〉，見《胡適文存》第一集，卷二，頁三八三—四一二、四四〇—四四二；〈國學季刊發行宣言〉，見《胡適文存》第二集，卷一，頁一—一八。

22 錢穆，《中國近三百年學術史》（上海，一九三七），頁三〇六—三七九、四五三—五二二、五九六、六三三。我使用「主體」之概念主要是齊克果的意思。

半由於西方科學主義與實證主義的傳入才形成其見解[23]。至於新儒家，西方思想對熊十力並無多大衝擊，他的哲學訓練主要來自儒家和大乘佛學經典的研究。事實上，熊氏承認在經驗世界的認知裡，科學方法學有其價值；可是，對於科學主義，熊氏卻是反對的，這二點即足以證明他亦不能免於西方的影響[24]。梁漱溟與張君勱受到西方衝擊的痕跡則更為明顯。梁氏承認柏格森思想大大地影響到他強調直觀的方法論。張氏強調科學方法學的限制，力言直觀論在人文研究上的用處，在這一點上，張氏也明白地承認是受到倭鏗（Rudolph Eucken）、柏格森及康德哲學的影響[25]。新儒家反科學主義之源於西方的衝擊，就如同源自傳統的影響一般；而導使新儒家去肯定傳統的進路，緣於與西方思想的接觸不下於傳統哲學的鑽研。

一九四九年後，新儒家仍繼續對抗科學的實證論。主要原因是，在學術界裡科學主義的優勢不減。此外，也由於西方研究中國文明的興趣日益高昂。再加上中共對文化傳統的激烈攻擊。在新儒家看來，這些發展對中國文明都持著不同情的態度，而這正是從流行的客觀主義的、科學的觀點所產生。新儒家在一九五八年的文化宣言裡，一再強調直觀的靈明的思考模式，這是不足為奇的。宣言中也力陳「傳統」乃為歷史過程中所累積之人類心靈的客觀化。傳統具有生命、精神，並不是無血無肉的死物，因此不能「非人格地」與「無感情地」去研究它。這種研究方法，只能看到傳統的外衣。在傳統的外衣下還有精神和意義。而只有藉著心靈底同情的想像和直觀的了解，才能把握傳統的精神意義。要了解自己的傳統，在某一程度而言，是無法逃避情緒上的牽涉。職是之故，依宣言之意，任何對傳統的真實了解，不能單靠理智的運作。拿他們的話來說，所要的是「智慧」，而智慧則在於理智與同情、敬意的結合。同情越多、智慧越深，也始得以引領吾人到傳統的精神奧處[26]。

朝中國傳統文化價值之再肯定的方向中，新儒家自始即以「反實證的思考模式」（antipositivistic mode of thinking）去追求意義。也是這「反實證論的思考模式」使新

23 Laurence A. Schneider, *Ku Chieh-Kang and China's New History* (Berkeley: University of California Press, 1971), pp. 53-84; See also D. W. Y. Kwok, pp. 83-131.

24 熊十力，《十力語要》，下，頁二b—二六、二b—二〇。

25 梁漱溟，頁六八—八〇；張君勱，頁一—四。

26 〈宣言〉，頁四—五。四位簽署人雖十分強調「直覺」的觀念，可是他們對「直覺」觀念的了解卻不盡相同。事實上，張君勱由於受到柏格森直觀論的影響很深，傾向於著重該詞的認知性。其他三人，尤其是唐、牟，則傾向於以「道德及存在感的意義」（moral-existential sense）來使用「直覺」一詞，而這也就是「宣言」中使用「直覺」概念的主要意思。

儒家較易於認同儒家之「道德形上象徵」。他們藉著直觀的體驗的思考模式來尋求「精神取向象徵」（symbols of spiritual orientation），從這裡才可以了解：他們基於儒家之宗教性的形式對中國傳統特有的會悟。

今天，與一般流行的觀點相對比較之下，新儒家自覺到他們對傳統的理解是特殊的。這裡所謂的流行觀點是指在中國的外國訪客，和五四後許多反傳統的中國知識分子所具有的觀點[27]。這種流行的觀點，主要認為歷史上的儒家哲學只不過是一堆道德規範和一套人倫綱常罷了。為了駁斥這種過於簡化歪曲的觀點，一九五八年的文化宣言以強調的語氣宣稱：「對於中國文化，好多年來之中國與世界人士，有一普遍流行的看法，即以中國文化是注重人與人間之倫理道德，而不重人對神之宗教信仰的。這種看法，在原則上並不錯。但在一般人的觀念中，同時以中國文化所重的倫理道德，只是求現實的人與人關係的調整，以維持社會政治之秩序，同時以為中國文化中莫有宗教性的超越感情，中國之倫理道德思想，都是一些外表規範的條文，缺乏內心之精神生活上的根據。這種看法，卻犯了莫大的錯誤。」[28]

「宣言」又認為，這些普遍流行的錯誤看法，乃源於對中國文明之基本特性的誤解，此基本特性即其文化缺乏分殊性（cultural undifferentiatedness）。無可否認地，長久以來西方之宗教與文明的其他成素即各自分開，然而中國並非如此，傳統中國宗教自始即與政治的與道德的秩序融合在一起。一般流行的趨勢把儒家文化全都看成傳統的道德論，乃是來自一個誤解。那就是把中國文化的缺乏分殊性解釋成中國文化的缺乏宗教性[29]。

中國文化雖然表面上似乎缺乏分殊性，有些文化成素顯示出儒家思維的超越底理念和本體的信仰（the belief in the numinous）。在儒家的心性之學裡，可以發現「超越」和「本體」的觀念[30]。根據牟宗三與張、唐、徐三人的說法，這種信仰存於儒家和宋明理學的核心，而構成中國文化傳統的精髓。但是多麼不幸，連中國文明裡這最

27 同上註，頁六—七。

28 同上註，頁六。

29 同上註，頁六—七。

30 同上註，頁八—九；又見牟宗三，《中國哲學特質》（香港，一九六三，於後簡稱《特質》），頁五—七、七九—八八；《心體與性體》（台北，一九六八），頁四—六。我從 Rudolph Otto 的著作裡借用 numinous 一詞，然而我要避免他使用該詞的某些涵義，這些涵義來自其基督教神學的背景。在我的使用裡，numinous 只意指為不可名狀的，超越的終極力量。

重要的精髓也遭到廣泛的誤解[31]。

部分的誤解仍然源自一種趨向：即主要從自然主義和心理學的觀點來詮釋儒家的「性」。在這個觀點下，「性」被了解成人類心靈的經驗的結構。誤解的另一來源則是從理智主義的觀點來詮釋「性」。「性」被完全看成頭腦理知的運作。在〈宣言〉裡，力斥這二種觀點，他們持一種形上觀，認為「性」乃道德良知之源，或如牟宗三所謂的「人類心靈的道德創造實體」[32]。作為道德創造實體之源，「性」被肯認為「真我」，為人所以為人的內在主體。牟宗三相當簡潔地闡釋這觀點：「我們普通泛說的『我』，可分為三方面說，即：一、生理的我；二、心理的我；三、思考的我。……此上一、二、三項所稱的我，都不是具體而真實的我。具體而真實的我，是透過實踐以完成人格所顯現之『道德的自我』。此我是真正的我，即我之真正的主體。」[33]

依儒家的心性之學，任何人都具有「二體」。一是內在的真實的自我，即孟子所謂的「大體」；另一是經驗的形軀我，即孟子所謂的「小體」。當在每個人的心中體現道德的本我時，在本質上是與經驗我（the empirical self）完全不同，這一點是重要的。並且，唯有透過對「形軀我」的轉化工夫，始能成就以潛勢存在的「道德我」。這是說，內在的道德我是超越的存在，不同於經驗我。簡言之，儒家「性」的觀念含有一內在超越的信仰[34]。

〈宣言〉指出，在儒家哲學架構裡，「性」之內在超越的理念與「天」或「天道」之外在超越的理念完全地連結在一起。作為超越的道德我的「性」，乃是「天」之所賦，這是儒家的中心信仰。在儒家傳統裡，「天」乃意指為「存有物的形上基礎」（the metaphysical ground of being）與「意義之源」（the source of meaning）。以此，「天」表示為「超越本體」（the numinous beyond），超越自然界和人事界的現實存在。隨著「性」由「天」賦的信念，「天」的概念構成了基本的儒家世界觀的核心——天人合一[35]。

在「天人合一」理論裡，儒家哲學的「宗教性」和「超越的象徵」（the transcendental symbolism）有了集中的彰顯。如牟宗三指出，和其他宗教（尤其是基督教）相較，儒家當作宗教底形式的特性在儒家思想並不顯著。首先，縱然在古代中國並不乏超越

31 〈宣言〉，頁八。
32 同上註，頁八—九；又見牟宗三，《心體與性體》，頁四〇，《特質》，頁六〇。
33 《特質》，頁七〇。
34 同上註，頁五二—七八。
35 〈宣言〉，頁七；又見《特質》，頁一七—三九。

的人格神的觀念，可是在儒家後期的發展中，這個觀念卻消沉了。再者，縱然儒家也有禱告和祈福的成素，這些成素卻沒發展成制度化的儀式，如基督教所行的禱告和禮拜的儀式。依牟宗三的觀點，這些都不能說是儒學宗教性的缺乏，只能說是儒學的宗教性從不同的方向開展[36]。

依牟氏之說，儒家宗教性的開展就在天道落實於生命的方向中。因為依天人合一之論，「性」直接地參與「天道」，那麼，如何實現「天道」的問題也就是如何實現「性」的問題；或者更具體的說，就是如何使內在的道德我成為生命的主宰。於儒家的思想架構裡，這個問題的解決之道在於「修身」的理念，修身的中心思想就是：實現「性」的唯一途徑和生命裡的天道之實現，是要透過從事無窮的嚴格的道德精神修養之過程[37]。在這意義下，「修身」——儒家道德傳統的重點——不再只具有道德的意義而已，本質上，修身還具有宗教的意義，因為從事德性功夫，同時就是充實內在的真我，因而也就是敬順（天命）。這是何以牟氏及其友人認為儒學不只是道德的秩序或倫理規範系統而已。如牟氏所言，儒家具現了高度的宗教性[38]。依他們的觀點，「天人合一」是儒家「高度的宗教性」的關鍵處。

牟宗三在《心體與性體》裡解說儒學的宗教性，如此地解釋儒學的「成德之教」[39]：「『成德』之最高目標是聖、是仁者、是大人，而其真實意義則在於個人有限生命中取得一無限而圓滿之意義。此則即道德即宗教，而為人類建立一『道德的宗教』也[40]。」

牟氏認為，在重要的「倫理精神的象徵」——「仁」裡，明白地反映出儒家道德思想所固有的宗教性。就日常意義來說，「仁」是指表示「愛」或human-heartedness的道德理念。再深入些來看，「仁」具現了一種世界觀，這世界觀來自儒家「性」與「天道」的概念。根據這些概念，宇宙間的每個存在於其「性」裡都具有其「內在本質」，而且「性」也都參與了「天道」，因此，這些儒家觀念涵蘊一個信仰，認為宇宙萬物互相之間和萬物各自與宇宙整體之間具有「本質上的一致」（an essential union）。換言之，儒家哲學在萬物之表面的分殊裡發現「精神的統一性」（spiritual

36 唐君毅，頁三二六—三三四；《特質》，頁八九—一〇一。

37 《特質》，頁六八—七八。

38 《特質》，頁六九—一〇一；《中國文化之精神價值》，頁三二六—三四四。

39 牟宗三，《心體與性體》，頁六。

40 同上註。

unity），這「精神的統一性」構成了「終極實在」，其本性和作用是可以和基督教之上帝相提並論的[41]。

以此，牟氏進一步指出，「仁」有二項性格。首先，「仁」含有「神入」（empathy）與同情的無限能力，當充盡其極，「仁」能化解人們之間的障隔，這些障隔乃由漠然與仇恨而生；「仁」還使「同胞愛」暢流於人間世。其次，「仁」之淋漓的元氣使宇宙中的生命得以不停地生長再生長。即此二點，「仁」的實現意指全宇宙都化成充滿生命力和感情的「有機的一體」（organic oneness）。當許多卓越的宋明理學家以「天地萬物為一體」來界定「仁」時，牟氏認為這是就其「精神性意義」而言。「仁」的精神性意義即存於「天人合一」的理論中[42]。

在上述的觀點裡，「仁」不只是道德的修養，而是精神的轉化；不再是有限的，而是無限的；不再是世俗的，而是超越的。這觀點為新儒家形成了道德精神的視野，而藉此始得以從本體的、宇宙的背景來朗現生命和世界。如此的視野意謂著新儒家不是從「外面」而是從「內部」來探討儒家哲學。從內部來看，儒家「宗教道德象徵」是作為價值中心，新儒家認為這一點是最重要的。

作為價值中心，這「宗教道德象徵」投射出一人文的視野，這視野是以人文世界作為其焦點。牟宗三及其同道者明白地強調儒學裡超越信仰（transcendental beliefs）的意義，而在「本體」（天道）裡發現到「意義」和「價值」的終極根源。如上所述，天道既是超越的，同時也是每個人所本有的，在這意思下，價值和意義也同時內在於（immanent）這世界。因此，在儒家「天人合一」的理論架構裡，必須以特別的意義來了解「內在的」這觀念。含藏真善的「性」，本質上確與生理學的和心理學的人性結構有所別異。但只有經驗我和經驗世界能提供實現意義和價值的具體環境，因此在儒學裡，現世的取向（this-worldly orientation）是重要的。由新儒家的觀點來看，儒學的唯一價值乃在於將「現世取向」與「對超越界的開放」（an openness to transcendence）兩者結合起來[43]。

在孔子現世的道德轉化的理想裡，尤其反映出「仁」底「現世的取向」，而孔子現世的道德轉化理想是要造成生命的參贊化育（the universal humanization of existence）。

41《特質》，頁二五—三一、九三—九五。
42 同上註，頁九六。
43 同上註，頁六八—七九、九六—九七。

從這種理想所流露出來的正是孔子「內聖外王」之生命理想所含有的社會和道德的涵義[44]。

根據這理想，每個人有兩項有待踐履的理分（commitment）。首要的是，人格底道德的完美。這理分所根據的是「道德是主要的人生層面」的肯認。當然，道德生命並非人類存在的唯一層面。儒家了解到知識的、藝術的或自然的層面之必要性。但是儒家要求最後以道德來主宰這些層面的發展。道德生命的完美成就聖賢人格，這就是每個人生的目標[45]。

依儒家來說，道德生命的實現和聖賢人格的成就並非由外鑠可得，不是依賴幸運的奇遇，也不是憑藉神的外在恩寵。相反地，道德修養在每個人心內都有內在的根源，這根源就是天賦的「性」。唐君毅及其友人相信，人人可為堯舜這個觀念是儒家極深的智慧[46]。

儒家另一項深刻的睿見是，任何人的道德修養不能是獨善其身的。這個睿見乃涵蘊於「仁」的意義之中。人際之間感情的自然流露，這是體悟「仁」的吃緊處。在「仁」的這種理想之下，道德生命的實現乃決定於「己立立人，己達達人」的奉獻，這種對他人之「道德福祉」的奉獻，儒家即稱之為「恕」。如徐復觀所說的：「恕才是人我為一的橋梁，是仁的自覺的考驗。」[47]因而除了「獨善其身」外，仁者還得「兼善天下」。

在儒家哲學，這「恕」的理分使吾人了解到「實有的外在領域」（the outer realm of reality）有別於「人心的內在領域」（the inner realm of human mind）。儒家的聖人認識到這二者的區分，但強調需要將這二領域連結起來。那即是說，他不惟需要修養其內在的精神道德（內聖），還得積極地關懷外在世界（外王）。因此，聖人也必須是王者，也就是說，聖人必須積極地參與外在世界[48]。無論如何，就「宣言」所論，儒家雖然積極地關心外在世界，可是幾世紀來，這份「關心」，卻未能演化為一個思

44《價值》，頁四〇五—四〇六；牟宗三，《心體與性體》，頁四—六。

45《價值》，頁一三〇—一七八、二八一—三〇九；又見牟宗三，《道德的理想主義》（台中，一九五九），頁三九—六七；《特質》，頁六八—七八。

46《價值》，頁六八—七八。

47 徐復觀，《中國人性論史》（台中，一九六三），頁九六—九七。

48 牟宗三，《政道與治道》（台北，一九六〇），頁一一—二五；又見其《歷史哲學》（香港，一九六二），頁一八三—一八四。

想傳統去應付外在世界的種種問題。這失敗的認識，是他們在中西文明的比較中所汲取的教訓[49]。

這比較顯示出，要成功地應付外在世界——包括自然界和人類社會，文明需要發展二項文化的必要條件——民主與科學，這就是現代西方文明成功的地方[50]。如這些新儒家所指出，從科學和科技的發展上、生活的物質水準上的角度來看，在現代以前，中國長久以來一直領先西方，這是可以肯定的。然而，中國文明缺少一項根本的要素，這項根本要素在現代西方科學的發展上扮演一個決定性的角色，此即溯自古代希臘即強調「知識為首要和真正的價值」的傳統。這種「為知識而知識」的價值取向，才使數學、邏輯、物理學和其他理論科學的發展成為可能。因為這理論科學給「應用科學」和「科技」奠定基礎，西方特別強調「知識本位」這一點，必須視為「科學底精神」（spirit of science）。由於中國人過於強調對世界的道德取向，中國文明是缺乏西方之「科學底精神」[51]。

中國文明不但拙於發展科學以應付自然界，同時在建立現代化國家以應付社會這方面也失敗了[52]。在現代以前，中國確是世界上最悠久的一統帝國。然而如張君勱和牟宗三所指出，中國的過去只有治道（吏治）的發展，缺乏政道的發展。結果，在變成現代國家以進入現代世紀這一點上，中國卻失敗了，失敗的關鍵在於中國政治傳統無法在民主政治的方向上求出路[53]。

可是，新儒家還是認為中國本身具有發展民主體制和意識形態的可能性。他們經常指出，存在於中國政治傳統的「宰相制度」能分擔皇帝的權力；在監察制度裡，監察御史有權向統治者就其行為與政策進諍言；而在徵辟制度裡，以薦舉和考試的方式在政府和社會之間打開了溝通之途[54]。從意識形態來看，傳統隱含民主的潛能更加清楚。首先，在「天命說」裡，儒家相信一般人民的意志即天意的反映，這觀念含有「民主的合法性」之理念。這理念因儒家的烏托邦主義而增強，反映儒家對政治專制

49 牟宗三，《歷史哲學》，頁一六四—一九三。
50 〈宣言〉，頁一一—一三；牟宗三，《歷史哲學》，頁一六八—一七二。
51 同上註。
52 牟宗三，《歷史哲學》，頁一七二—一七四、一八一—一八九；《政道與治道》，頁一—四三；〈宣言〉，頁一三—一四。
53 《歷史哲學》，附錄二，頁二四—二五。
54 〈宣言〉，頁一三—一四。

反感，而凝成的「天下為公」的理想。再者，儒家「人人可成聖賢」的觀念即具有民主的涵義，由於承認每個人都有道德的自主性和尊嚴，因此人人都有平等地位的權利。從孟子到黃宗羲，所有這些民主意謂的理想形成了悠久不破的道德傳統，以與專制政治相抗衡。這綰合「意識形態的抗議」和「制度上的繩制」所造成的傳統，局限了專制政治的發展；然而，雖是如此，最後還是無法完全作根本上的解決。在中國綿長的歷史裡，政治上治亂相尋的惡性循環，其基本的原因即在於此[55]。

在中國傳統裡無法發展出科學和民主，這一點顯示出儒家應付外在世界問題的進路（approach）是不適當的。但是並不能因「進路」上的不適當，就認為儒家基本價值取向有缺陷。相反地，新儒家相信，對儒學的中心理念——「仁」與「內聖外王」——作寬廣而妥切的了解，將使中國人易於接受西方的科學和民主。如上所述，在儒家的理論架構裡，道德的實踐需要積極地從事於外在世界的活動。藉著對社會的和自然世界的客觀了解，將會進行這種活動。再者，在儒學裡有一很強的現實感，那就是了解到：就人們的道德轉化而言，物質的幸福是重要的。要對外在世界作客觀的了解和謀求物質幸福，科學將有不可少的貢獻。在這意思下，科學文化的發展不僅可以增加新養料來豐富中國文明，也是教化人生和社會的「道德律令」——「仁」——

所必須的[56]。

從新儒家的立場來看，民主國家的建立甚至更合於「仁」的精神。他們把專制政治視為人類私心最粗鄙的表現，是中國政治傳統的毒素，而民主政制則是最有效的抗毒劑。專制政治違背「公」的精神，而「公」是建立道德的和諧融洽所必要的。民主，作為一種將個人手上的政治權力交給公眾控制的制度，是「公」的精神之極致的體現。再者，民主政治作為確保政治平等的制度性的工具，是和儒家認為「人人都有成聖成賢之可能，可以道德自律者的身分被尊重，因而具有和任何人一樣平等地位的權利」的信念相一致。從這兩方面來看，民主政治是一種與「仁」底道德理念的開展相吻合的制度。簡言之，「宣言」指出在儒家道德理想主義的實現上，民主與科學的發展是必須的[57]。

如上所論，儒家宗教倫理的理想導使新儒家完全接受科學與民主，同時這些理想

55 同上註，《政道與治道》，頁一六三—二二四。

56〈宣言〉，頁一一一—一一三；《歷史哲學》，頁一六四—一八一。

57〈宣言〉，頁一一一—一一三；《歷史哲學》，頁一八一—二三〇；《政道與治道》，頁一六三—二二四。

也說明他們不願毫無保留地接受當代西方文明的其他成素。其一就是民族主義（nationalism）。誠然，他們全都重視民族國家為不可缺少的現代組織，而這種現代組織一向是中國傳統裡所欠缺的。他們認為傳統的中國只是一個「文化單元」，或一種「社會關係網」而已；鑒於現代所有對中國政治存在的威脅，他們以為從「社會文化組織」（sociocultural entity）轉型為「完備的民族國家」是當務之急[58]。像唐君毅和牟宗三，他們在某種程度上信仰「文化的國家主義」，認為國家還有另外一優點，那就是提供一個「架構」以實現中國的民族性，同時也可表顯出民族的文化特性（cultural individuality）。然而如唐、牟所強調，極端的國家主義將為詛咒人類的邪惡力量。再者，「仁」的理想不可避免地促使他們超越國家思想去構想傾心「天下一家」的世界主義遠景。簡言之，他們的道德理想主義不會允許他們毫無保留地傾心於國家主義[59]。

在他們對「現代化底精神」的看法裡，也可發現類似的矛盾感情。這種「現代化底精神」可說是一種新的心態，而這心態是剋就馬克斯・韋伯（Max Weber）所稱的「以理性主宰世界」（rational mastery of the world）所造成的社會進步之信仰而言。面臨這新的心態，他們的態度當然不是直截單純的反對，因為他們了解這精神形成了現代西方富強的源泉。然而，從他們不贊成「英雄主義的生命理想」裡，可以看出他們對現代化並不願意過於熱衷。如他們所定義的，「英雄主義的生命理想」是指評估任何一種特殊成就的傾向，這種成就或是由個人的人格力量、或是由於特異才能，或兼有兩者所獲致的。他們覺得，若無精神道德的目標來引導，英雄主義之崇拜鬥爭與奮進的意志將淪為毀滅性的力量。再者，若沒有道德精神的目標來撐持，這純粹求建樹和主宰的衝勁，將陷於空虛與絕望的感情裡[60]。在建立一個持久的文明中，對「進步」無條件的歌頌，和對「國家主義」的謨拜，其價值都是令人懷疑的[61]。

儒家道德和精神的理想，除了提供價值標準，使新儒家藉以就現代世界之新的問題與新奇的經驗界定其地位，同時，新儒家也藉此發覺了意義的來源，這幫他們面對和接受人類生命的存在處境。在唐君毅《人生之體驗續編》裡，他試著從面對沒有精

58《道德的理想主義》，頁五六—五八。

59 同上註，頁五六—五七；《歷史哲學》，頁三〇—三四、頁一四九—二三〇；《政道與治道》，頁二二五—二六九；《特質》，頁一一。

60〈宣言〉，頁一七—一八。

61 唐君毅，《人生之體驗續編》，（香港，一九六一），頁四一—四三。

神道德的理想所引導的生命的昏謬，徹底去使人了解儒學的價值。他根據從「何處來，何處去」的問題，審視人類存在之謎，他將生命比作黑夜裡矗立於大海中孤立的小燈塔。正如燈塔被無邊的黑暗所包圍，生命在生死過程之外也是籠罩在深不可測的神祕裡[62]。不但生命的終始被視為無常和悖理的，而且生命過程內的每個片段都是充滿了艱難和痛苦。原因在於生命和各種強烈慾望有著不可分割的關係。陷在每種慾望裡，如生理需要的滿足，愛情、名譽，甚至於實現高尚的理想和價值等慾望，都無法避免失望和挫敗。鑒於充滿在生命界裡的各種艱難痛苦，無怪乎如佛家、道家和基督教等高級宗教，它們的起源都是以生命的悲觀為前提。依唐氏的觀點，儒家提供一項無價的精神支柱的來源，使人們能以平靜和勇敢的態度來面對生命的存在處境[63]。唐氏這一觀點，在徐復觀的著作裡得到迴響，也從牟宗三那裡獲得強烈的支持，認為儒家源起於「憂患意識」，而「憂患意識」在古代周朝時曾普遍地影響人們的世界觀[64]。

唐君毅宣稱儒家的精神思想是用來處理存在的焦慮，這多半基於他的信念：儒家思想認真地面對存在焦慮之唯一深切的來源——死亡的問題。如他所說，要克服死亡的憂懼，其方法是去相信人的生命裡具有精神，精神能在肉體死亡後還存在著。儒家提供這麼一個信仰，而這信仰又來自儒家道德修養的獨特觀念。在儒家的思想架構裡，道德修養不只是在行為上遵從倫理規範而已，而是在進行道德實踐時，儒者相信他們同時也實現了他們內在的真正本性。如前所述，任何人之內在的真正本性本質地彼此連結在一起，這是因為每個人的內在真性都是「天」之所賦，而分享同一終極的實在——道。因此在從事修身時，人類心靈之間可以感受到和諧，同時也能與超越的本體（the numinous transendent）相感通。簡言之，透過修養的實踐，泯化「形軀我」以進入天人合一的精神領域。藉著化入宇宙的整體，一個人自然能超越「形軀我」之毀滅所產生的懼怕[65]。依「宣言」所說，這就是儒家處理死亡問題的基本方法。歷史上許多儒者視死如歸，捨生取義，這些例子可證明儒家此種進路的效驗[66]。

至此我們已了解到：儒家的「宗教道德象徵」如何構成新儒家的價值中心，以提供他們的道德的取向，和處理人類存在處境的途徑。同時，這價值中心也構成他們之

62 同上註，頁四一—六三。

63 徐復觀，頁二〇—二四；又見牟宗三，《特質》，頁一一—一七。

64 唐君毅，《人生之體驗續編》，頁八七—一〇二。

65 〈宣言〉，頁七—八。

66 同上註，頁九；《特質》，頁五—六、九—一三、四〇—五一。

「忠誠」和「理分」的焦點。這樣的精神的和道德的理想，並不能看成抽象的、理論的觀念系統，而是表現於行動中，具體化於生命裡。事實上，他們強調只有透過擇善固執的實踐才能體證這些道德真理的意義。在討論到對道德真理的了解時，他們使用了具有強烈宗教涵義的字眼——覺悟。客觀的、理論的態度是證悟道德真理的障礙，他們反駁這一點後，在〈宣言〉裡說明覺悟和道德實踐之間的關係：「此中我們必依覺悟而生實踐，依實踐而更增覺悟。知行二者，相依而進。此覺悟可表達之於文字，然他人之了解此文字，還須自己由實踐而有一覺悟[67]。」

從這一角度的討論，他們強調儒家的唯一珍貴而深刻之處是道德精神之智慧的源泉。在他們的觀點裡，儒學——尤其是剋就「人類心靈的內在超越」的信念——是根據於一可貴的睿見，那就是：在本質上，道德的覺悟即「主體性心靈」（the subjective mind）的作用。他們強調，儒家思想自始即假定道德覺悟並不是對「客觀的理論的真理」作認知性的了解，也不是上帝自外所頒的誡命。真實的道德覺悟只能來自「內在的道德良知」，也只能透過精誠的道德實踐而更恢廓深弘[68]。在他們看來，儒學擁有如此悠久的傳統，自是蘊藏豐富的道德智慧，也因此而能獨特地去處理「如何成就道德」這一普遍性的人類問題。

「意義的追求」導使這些保守的新儒家發現到，在儒學裡不只有存於過去的傳統，也還有活的道德信念，這些道德信念是他們所躬行體受的。因此他們在儒家精神和道德的理想裡面所能體驗和珍惜到的東西是站在這個信念傳統以外的人，所無法體認到的。再者，他們在儒家之宗教道德理想裡找到價值中心，這價值中心不只可作為道德取向的基礎，同時也賦予生命和這個世界以融貫的意義。在這意思下，他們對儒家的「倫理精神象徵」所作的認同在基本上是他們對「意義危機」的反應。

五

一般都認為現代中國的保守主義乃是對現代西方之「進步」理想的反動。卡爾·曼罕（Karl Mannheim）很可能代表一般人的看法，他把現代的保守主義廣泛地界定為有意地反對「進步運動」的「抗拒運動」（countermovement）。由這一般性的觀

67〈宣言〉，頁四—六。

68《特質》，頁九—一三、九三—一〇一。

點，中國的保守主義正可視為針對「現代化底危機」（the crisis of modernization）的反應。69

把新儒家視為現代中國保守主義的一個重要潮流而言，上面這個觀點卻是失之於太狹窄。不錯，現代化問題是在文化保守主義心目中很有分量的。因如上所言，他們有關現代化的立場是很受他們的宗教與道德的觀點影響，而他們這方面觀點是來自他們對科學主義的反動，更重要的是來自他們對意義的追尋。只要這宗教與道德的觀點是他們思想的核心層面，我們就不能把新儒家或一般的文化保守主義僅僅視作對現代化的反動。

從表面上看，對科學主義的反動似乎是現代化的流布所觸發的迴應。但是我們不忘記新儒家的反激是針對科學主義而非科學本身。因此，他們之講求一種直覺、體驗式的思維，與其說是對現代化的一種反動，不如說是對西方實證主義散播所造成的認知危機的一種迴應。

至於「意義底危機」的興起，部分由於輸入了許多現代西方之價值和觀念，而這些價值和觀念多半是環繞著「宰制世界以求社會變遷」的西方近代精神。現代化，就所關涉到的文化層次而言，確是造成「意義危機」的一項因素。但是其他的因素也不可忽略，特別是基督教的傳布，以及對儒家以外的中國哲學與宗教之興趣的復甦，尤其是指大乘佛學的再興。從這些其他的因素看，「意義底危機」是精神的危機，而精神的危機是有別於現代化的思想危機，雖然兩者的關係是密切的。因而，很難單從現代化的思想衝擊來詮釋新儒家。所有這些的考慮使我們想到中國保守主義的複雜性，其中種種的方面和不同的潛流，都有待去闡明、分析和評估。若只從和現代化之關係的立場來考察這問題，那將無法認識其複雜性的。

69 牟宗三，《生命的學問》，頁二二一—三九；《心體與性體》，頁四—一一。

傳統與現代化

——以傳統批判現代化，以現代化批判傳統

傳統與現代化，這是一個百年來的老問題。百年來，中國知識分子，對這個問題的討論，在內容上不知變了多少，但討論的大方向，卻很少改變。從本世紀初年的梁啟超到十年前故世的殷海光，都主要是以現代化為標準、為尺度，來對傳統作檢討、作批判。從今天看，這個方向並不錯，但卻是不夠的。無論就中國而言，或者放眼世界，現代化的成就固是有目共睹，現代化的弊病也在逐漸顯露。因此我們不但要以現代化為基點去批判傳統，同時也需要借助傳統去檢討現代化。這篇文章就是希望從這兩個不同的角度，就傳統與現代化二者之間的關係，作一種「辯證的」、「雙軌的」討論。

一、「現代化」與「理性化」

二次大戰後，「現代化」幾乎變成中外學術界最流行的一個觀念。但如何去了解現代化，則迄今議論紛紜。許多人將現代化視作工業化或經濟發展的代名詞。這一看法當然失之過於窄淺。比較深刻的一個了解還是來自德國社會學家韋伯（Max Weber）的「理性化」這一觀點。韋伯本人，一位十九世紀晚期，二十世紀初年的學者，當然沒有用過「現代化」這一名詞。但他對於西方近世文明的解釋，則很有助於對現代化的了解。他認為貫串西方近世文明的是一種「理性化」的趨勢。簡言之，就是人類以其理性對自然和社會環境加以征服並控制所作的種種努力。西方近代空前未有的文化動力、就是以這種「理性精神」為其泉源。

韋伯這一定義，並非完備無缺，下面將會論及，但他所謂的「理性化」精神，確實很扼要地勾畫出西方近代文明的一些基本特徵。更重要的是，由他的定義，可以引導出一些很有意義的問題，作為本文「雙軌討論」的基礎。

「理性化」是韋伯思想中很基本，同時也是很纏繞的一個觀念。韋伯本人並未完全交代清楚，大致而言，這個觀念包括兩方面，一方面是指「價值理性」（Wert-rationalität），另一方面是指「目的理性」（Zweck-rationalität）。所謂「價值理性」大概是韋伯受德國唯心論的影響，而承襲了西方古典「理性主義」的一個基本觀念：某些終極價值是人類理性所共許，對於這些價值我們只應該無條件接受，而不應該計較其效果之得失。所謂「目的理性」是指兩種情形下的考慮：一種是就一組特定的價值，比較其效果之得失而決定它們的輕重和取捨。另一種是就一個或一組特定目的，考慮如何才是最有效的方法或途徑以求其實現。因為這兩種考慮都是著眼於功效或效果，我們不妨稱之為「功效理性」。

這裡必須特別指出的是，韋伯在討論西方近代的理性精神時，主要是指這「功效理性」。他認為歐美近代的科技發展和資本主義經濟制度最足以表現這種「功效理性」。但他同時強調這種理性精神也反映在西方近代文明的其他方面，例如行政組織、法律制度和宗教意識等等。

二、現代化與民主

韋伯的理性化這一觀念，是有其獨到的見解，因為透過這一觀念，我們看到西方近代文明中所特有的自我轉化，自我調節的能力；我們也因此可以了解近代的西方能夠在征服自然環境和推動社會發展方面有著史無前例的成就。可是這一觀念也有其美中不足的地方，它沒有說清現代化與西方近代文明中另一重要環節——民主制度之間的關係。韋伯自己是肯定民主的價值的，他對許多政治現象如官僚組織、政治權威等均有極精闢的分析。可是他卻對「理性化」是否以民主制度為其必要條件這一問題，似乎沒有清楚的交代。

不僅韋伯在過去是如此，就是現代西方一般的社會科學家，對於現代化與民主之間的關係也還是議論不定。有不少學者，以現代極權國家如納粹德國和共產蘇俄為例，認為現代化不只為西方民主國家所專有。但也有些學者認為，民主制度應是現代化過程中所不可或缺的一個環節。我個人很同意這一點。姑且撇開民主制度所牽涉到的價值問題不談，就純粹從韋伯所謂的「功效理性」著眼，任何一個社會的現代化過程，如沒有民主制度的支撐，很難有其穩定性和持久性。因為民主制度起碼可以保證政治權力在轉讓時，能夠有一固定而平穩的軌轍可循，不至於像專制國家，一旦遇到權力轉讓時，立刻危機四起，不但國家發展的方向可能因此而搖擺不定，就是政府的決策機構也可能陷於癱瘓。此外沒有民主，權力過於集中，自我反省和自我批判的能力，難免被扼殺，而權力腐化也難免隨之而來。「只要有權力就會腐化，絕對的權力絕對會腐化」，英國阿克頓爵士的名言，雖是十九世紀晚期說的，到今天仍是意義深長，歷久彌新。權力腐化的結果，人民的福利固然受到危害，一個社會在現代化過程中所需要的「自我調節」、「自我操縱」的能力也會受到損害。衡之今日共產集權國家裡的種種畸形發展，民主對於現代化的重要性，應為不爭之論。

因此，我們今天來了解「現代化」時，必須就韋伯的定義加以擴大。現代化不但代表科技、經濟、法律、文化上的理性化，同時也包括政治上的「理性化」——民主。基於這樣一個了解，我們可以進而檢討和批判傳統。

三、以現代化批判傳統

談到批判傳統，首先我們必須澄清一些對傳統的誤解。我們最需要正視的當然是五四時代所產生的全盤反傳統思想。這種思想演發到極端，是視傳統為一片非理性的黑暗，阻撓著中國的進步，必須把這片黑暗全部掃除，中國前途才能有光明。這種以黑暗的過去與光明的未來作簡單的對照，原是中國知識分子在國難頻仍的刺激下，心理失去平衡後的思想產物。因此而對傳統所作的全面否定，也難免是情緒的反應多於冷靜的反省，武斷的曲解多於耐心的分析。然而，不幸的是，情緒的反應和武斷的結論常常是一般人所歡迎的。這份「五四遺產」到今天仍然在中國知識分子中間有著極廣泛的影響，就是這個原因。

另一種對傳統的誤解，與五四反傳統主義的來源雖不同，而在思想上卻可互相呼應。這種誤解主要流行於西方的學術界。二次大戰後，西方的社會科學家和史學家，主要受「現代化」這一觀念的影響，開始注意非西方地區的傳統文化。因為他們的著眼點是在解釋現代化為何未能發源於，或者順利推展於非西方地區。一般的趨勢是視傳統為「現代化」的障礙。二者之間的不相容性也因此常常被特別強調。在此一趨勢下，對傳統的一些籠統而膚淺的解釋相繼出現，流風所被，影響今日學術界至為深鉅。

西方學者在這方面的研究，許多地方是步韋伯的後塵。前面說過，韋伯是以「理性化」這一觀念來解說西方近代文明的特色。同時他也從這一角度去探討「理性化」的精神為何不能在一些非西方文化傳統有同樣的發展。因此寫下了一系列的文化比較研究。其中包括他對儒家傳統的分析。韋伯在本世紀初年能夠有此識見，有此魄力，誠屬驚人。但他在八十年前研究非西方的文化傳統，在資料上和觀念上，難免受到很大的限制。因為這些限制，我們今天必須重估他對儒家傳統的研究。韋伯著作中最大的缺陷是他幾乎完全忽略了中國傳統中所謂「天人性命之學」的一面，因此，他看不見儒家有關個人內在的道德自主觀念，也看不見「天人性命之學」所含有的超越意識。其結果是儒家思想中對政治社會的批判意識全被抹殺。對韋伯而言，儒家只是一個禮俗制約的傳統，有停滯和僵化的趨勢，而缺少發展和轉化的生機。遺憾的是，這一看法，出自韋伯，因此對許多中外學者，到今天仍有其權威性。

韋伯對中國傳統的看法，與五四的反傳統主義，可以說是殊途同歸。一個是對傳統輕率地否定，一個是簡單地化約。二者都未能認清傳統是一個多層多面的複雜建構。從現代化的角度看去，這傳統的各種層面並不都只有負面作用，某些成分也可有其正面的和積極的功能。就以儒家的家庭倫理為例，五四以來的知識分子和研究現代化的學者常常認為這種家庭倫理是中國近代化的絆腳石。但是，我們只要稍稍了解近代華僑在南洋拓殖的歷史和日本現代化的經過，便知道儒家的家庭倫理在某些環境下，也可以有助於經濟發展。這個例子清楚地說明為何今天我們不能把傳統與現代化的關係，視作一個簡單的對立，接受現代化並非必須否定傳統！

因此，我所謂的批判傳統，是包含著雙重的認識。一方面必須正視傳統的深度和複雜性；另外一方面也應承認；從近代化的觀點出發，傳統有許多地方值得檢討和反省。現在就以民主與儒家傳統的關係為例來說明這雙重認識的意義。前面說過儒家傳統的內容不僅是禮俗規範，它也有企求至善和永恆的一套精神價值，環繞著心性的觀念和天人合一的宇宙觀而展開，由此而產生個人內在的道德自主感和超越意識。這些精神和道德意識，一方面造成了儒家思想中「天民」、「天爵」等「以德抗位」的觀念，肯定了個人人格的尊嚴和獨立，同時也孕育了對現實政治和社會的批判意識和抗議精神。凡此種種毫無疑問地，與西方近代的自由主義在理論上有銜接的可能性。這裡必須指出的是，我們不能因此輕易地把儒家的道德和社會觀與民主思想等同起來。因為從自由主義的角度去看，儒家傳統也有著一些不可忽視的缺陷。這是一個很複雜的問題，此處且提出兩點來討論。首先，儒家的所謂「超越意識」，並不是很徹底的。產生超越意識的幾個基本觀念如天道、天理、性命等，在仔細檢查下，往往並未脫離所謂「綱常名教」的夾纏，因此超越意識所產生的批判精神也必然有其局限性。它可以衝擊現實政治和社會中一些不合理的現象。但它不能撼動皇權和家族制度的理論基礎。相形之下，西方傳統中的超越意識，不論源自古希臘思想或基督教思想，確是比較徹底的。基本上，它擺脫了現存政治社會制度的夾纏。因此它能造成一種完全獨立於現存「社會秩序」的「心靈秩序」，來作為民主制度的義理基礎。在檢討民主與傳統的關係時，這一點是很值得我們深思的。

換一個角度去看，民主與儒家的關係，我們也同樣可以發覺後者的複雜性和它值得檢討的地方。但在進行討論之前，我們必須先就民主與基督教思想的關係略作說明。此處尤需強調的是基督教原罪的觀念。這個觀念，代表基督教對人性中的陰暗面的深刻認識和警覺。基督教一方面肯定人是可以得救的，但另一方面又強調，人只要是人，不可能變成完美無缺。完美無缺，只有在升天堂以後，才可能實現。換言之，在地上，在人間，「完人」和「超人」是沒有的。人的墮落，人的罪惡是永遠潛在的。我們必須隨時提高警覺，加以提防。因此，基督教對人性的看法，常常是低調而現實的。惟其如此，它才能就外在制度上，求防範、求約束。從這一點出發，基督教發揮了極高度的政治智慧：因為人有其不可彌補的缺陷，有其永遠潛在的罪惡性，任何人均不能授以絕對無限的權力。權力只要在人手裡，就須加以防範、加以約制。前面提到英國阿克頓爵士對權力毒化所作的警語，這裡必須補充的是：他是一位虔誠的天主教徒。從他的基督教背景看來，他對權力腐化所表現的這份警覺和智慧，絕非偶然！

從這觀點回過來看儒家傳統，首先我們必須知道，儒家對人性的陰暗面，並非沒有感受，沒有警覺。荀子的性惡論，姑且不說，即以儒家正統而言，兩千年來貫串前後的中心思想——修身，若非蘊涵著這份感受和警覺，是不可能成立的。宋明理學在這方面的表現尤其顯著：人心之內，善惡交戰，間不容髮。甚至以王陽明學派那種對人性的樂觀和自信，卻也對人慾隨時浸沒天理的警惕，從未鬆懈。此外，儘管儒家堅持「人皆可為堯舜」的理想。憧憬著「群龍無首」的社會，這個傳統卻始終承認：芸芸大眾的道德轉化，只有通過現實社會制度和政治組織，加以由上而下的領導，由外而內的約束，才能慢慢實現。這種觀點也很明顯地反映著儒家對人生現實面的感受與認識。

但是，話說回來，儒家對人的世界基本上還是樂觀的；它所強調的畢竟還是人性向上提升的可能性。與基督教的原罪觀念以及印度宗教的「無明」思想相比較之下，儒家對人性幽暗面的感受和警覺都是不夠的。尤其重要的是，它對人性的認識決定了它在政治意識上發展的方向。因為儘管儒家對於道德實踐的艱難性有其認識，它最後還是認為，少數的人可以克服困難，成聖成賢；而聖賢一旦出現，權力便應交給他，讓他做統治者。這就是聖王的觀念；這就是儒家解決政治的基本途徑。這個途徑，原是帶有很濃厚的道德理想主義，但卻沒有考慮到一個根本問題：即使有人能成聖成賢，誰能保證他在享有權力以後，不受權力的薰迷和腐化？未能考慮到這一層，便顯示出儒家思想對人性的陰暗面的感受和反省還是不夠深切。

以上僅是從民主這一角度去檢討傳統。當然，我們也可以從現代化其他的角度去批判傳統。這裡所要強調的是，不論從哪個角度，這批判都應兼顧兩點：正視傳統的複雜性，反省傳統的局限性。

四、以傳統批判現代化

前面提過，韋伯的「理性化」這一觀念，雖然很複雜，但他以這一觀念來了解「現代化」的過程時，主要是指「功效理性」這一面。透過這一觀念他點出了近代文明的一個基本趨向，但是，這並不代表韋伯在價值上完全肯定現代化這一趨向。實際上，韋伯的作品裡時而流露出他對近代文明的趨向的一些懷疑和悵惘，他甚至曾經說過，當他矚目未來，他所看到的不是夏日的絢爛，而是北極冬夜的荒寒！韋伯畢竟是一位有遠見的思想家，我們只要對歐美現代文化意識裡的一些主要趨勢和潮流，稍作檢討，便不難肯定韋伯在半個多世紀前的預感。

（一）幾種現代文化意識中的主要趨勢

功效理性的核心當然是科學對世界的了解方式——科學觀。在現代世界，科學風靡，大家對科學的態度常常流為偶像崇拜，科學觀乃演變成泛科學觀（scientism），所謂泛科學觀，就是認定人類可信的知識只有科學，而科學所賴以決定意義和真理的標準只有一種，那就是以感官經驗為基礎的驗證。這當然是對人類經驗的一種很褊狹的看法。因為人類的經驗，原是很豐富的，有著許多層次，許多方面，可是泛科學觀卻堅持凡是感官經驗所不能肯定的，就不應該相信。這種極端的懷疑態度使人類經驗的許多面，如宗教、道德、藝術等，都失去其應有的意義與價值，結果常常導致一種武斷的取消主義或化約主義（reductionism）。不少文化上的偏枯和思想上的蔽障，由此而生。

泛科學觀不僅會造成文化思想上的病態，而且在政治和社會上也會產生種種流弊。在一般人的思想中，泛科學觀往往反映成一種科技萬能意識。這種意識的一個特徵就是不分「科技運用」與「價值實踐」，因此認為任何政治和社會問題，只要從「客觀環境的需要」出發，順著邏輯的推演，一切可以科學技術去解決。換言之，解決政治、社會問題，歸根究柢，不過是一種「社會工程」的運用而已。這種科技意識犯了一個很大的錯誤，因為任何基本政治和社會問題，都離不開價值的選擇和實踐。而在一個民主國家，正確的價值選擇和實踐，端賴一個健全的輿論，以便對各種問題預先作自覺的反省和討論。誠然，這種反省和討論，在許多方面是很需要科技知識的幫助，但卻永遠不能為科技知識所替代。換句話說，政治和社會問題不可能全靠「社會工程」去解決。現代西方社會，例如美國，科技不可不謂發達，但社會上各種問題仍然層出不窮，可為佐證。而可慮的是，因為科技意識瀰漫，人們對於許多問題，常常不能視其癥結所在，而一味迷信科技可以解決一切。這實在是今日社會的一大隱憂。

由這份知識上的狂妄自信，我們進而接觸到西方近代文明的另一些基本癥結。首先是與「現代化」俱來的一種「征服自然，宰制世界」的精神。這種精神，雖然在基督教傳統裡淵源甚早，卻是在現代科技文化中才有了空前的發揮。它和西方以基督教為背景所產生的「單向直線」型的發展史觀接合，進而造成近代文明所特有的樂觀和自信，以為人類的前途有著無限的可能性，等待實現；因此人類的社會，可以永遠在進步中、成長中。這種無限進步、無限成長的觀念，幾乎已變成現代人的一種精神信仰。

然而今天這個現代文明的基本信仰正在面臨嚴重的考驗。因為一般人所了解的進步就是科技發展和經濟成長。至少從二次大戰結束以來，科技發展已因「核子毀滅」的可能性，蒙上一層很深的陰影。同時，不可忽視的是，經濟成長也為許多工業國家帶來了一些前所未有的危機。首先，近年來一連串的能源危機，充分地說明了大自然並非「取之不盡，用之不竭」。大規模的工業發展可以使一些基本資源有很快用盡的可能。因此無限度的成長是否可能，已成一個大問號。

再者，成長和進步是否一個絕對的價值，在今天也很值得懷疑。因為工業發展可以造成各種生態環境的破壞。空氣、用水、食物等汙染都已變成現代工業社會中很普遍的問題。這些問題，使我們警悟，自然環境需要一個「生態的平衡」，工業無限度的發展可以打破這個平衡，造成所謂的「環境崩潰」（environmental collapse），給人類帶來無可估量的災害。總而言之，經濟成長是有代價的。它的代價，也可能威脅人類的生存。

很清楚的，泛科學觀，在現代文化的知識層面造成一種狂妄的自信和樂觀；同時在精神和道德層面，它們又培育一種極端的懷疑主義和武斷的取消主義，而後者在文化上造成的病態的嚴重性，不下於前者。因為所謂的取消主義，就是對人類知識和經驗採取一種很狹隘的標準，由此出發，難免認為道德判斷不過是主觀情緒的反應，沒有共同客觀的意義。也就是說，在道德價值層面，只有主觀相對的標準，沒有客觀共同的標準，其結果難免促成一種道德的相對主義。當然我們知道，這種相對主義的形成，原因是很複雜的。從遠處說，可以追溯於客觀理性主義的解體；近而言之，它至少和近代的歷史主義（Historicism）以及文化相對主義很有關係。但是，無可否認的，在今天這種科技掛帥的時代，泛科學觀也是助長道德相對主義的一個很重要的因素。此處需要強調的是，這種相對觀的散布，在今天這個世界，已經造成了種種政治和社會的危機。就個別社會的內部而言，它助長價值混亂，削弱道德意識，影響社會秩序。就國際政治和人類社會的整體而言，它使我們在道德上無法譴責暴力，在思想上容易姑息罪行，二十世紀，各種極權政治的出現和黷武主義的橫行，和道德相對主義，不無密切關係。

在現代化的過程中，另一常常出現的文化意識就是功利主義。在一個現代化發展尚淺的社會，功利思想常常以集體主義的形式出現。由於時勢環境所逼，這些社會所最迫切需要的是群體自利，以求民族獨立或國家富強。但在一個高度現代化的社會，功利思想主要是以個人主義的面貌出現。實際上，如果以今天美國的社會為典型，我們可以說個人自利觀念已經變成現代文化的一種壟斷價值。無怪俄國文學家索忍尼辛（Aleksandr Solzhenitsyn），近年來流亡美國，對此感觸極深。他於一九七八年在哈佛大學畢業典禮發表演說，對於美國文化頗多責難，個人功利主義就是他抨擊的主要對象之一。

索氏的演說，震動一時，在美國社會裡引起了許多反響。很多美國的學者都認為索氏以其宗教神祕主義的心靈，又來自一個很不同的文化背景，是不了解像美國這樣一個現代的社會。索氏的批判，也許有許多地方有欠恰當，但他對個人功利主義的抨擊，確實是中肯之論。當然，個人自利觀念的流行，並不限於美國，它見之於一般的現代社會。美國不過是表現得特別強烈，病徵也因此而特別顯著而已。

我們可以從幾個方面去探討這個病徵。首先，個人自利的思想，長此氾濫下去，可以侵蝕民主社會的凝聚力，癱瘓民主政治的運行。我們知道，在一個健全的民主社會裡，權利與義務需取得平衡，個人自利的觀念與服務社會的精神應互相調和，西方一些先進民主國家在以往能夠欣欣向榮，這種平衡與調和是一個很重要的因素。但在個人功利主義盛行下，這種平衡與調和已有失去的趨勢。反映在政治上的是，一方面人民對政治參與的興趣日減，另一方面，種種特殊利益集團的勢力日增，置整個社會的公利與共益於不顧，但求以各種手段，操縱政府，影響政策，圖謀自利。在相當的範圍之內，這種現象原是民主政治的常態，但是超過限度，它可以造成民主政治的癱瘓。我們只要留意觀察民主政治近年來在歐美的發展，便不難發現這方面的隱憂。

功利主義的過度發展，也可以使西方傳統的個人主義失去其原有的意義和價值。因為現代社會中的個人價值觀念，往往是受社會的習俗和時代的風尚所支配，所牽引。這種個人主義，說穿了，不過是個人無形中為外在社會的各種壓力所屈服，因而向周遭環境求順應，求依附的一種心理表現。它已沒有傳統個人主義最寶貴的特徵，那即是個人的思想和行為由內在獨立的價值取向所決定。如今，它已不是發揮「個」性，而是接受「群」性；發展下去，社會中只有「眾」人，而無「個」人，而民主政治也只剩下軀殼，自由主義的真義已經不存在了。

在功利主義籠罩之下，社會關條也會逐漸變質。人與人之間，主要以現實利益為彼此來往的基礎，以功效價值為衡量彼此之標準。同時情感的聯繫和心靈的交往卻在日趨淡薄。各種人際關係，也都漸漸被市場關係和業務關係所吞沒，所取代。總而言之，人的社群變成「物化」的社會。置身於這樣一個社會中，個人難免常常感到疏離、孤立和冷漠。這些功利主義在精神上所造成的苦悶，心理上的創傷，都已充分流露在西方現代的文學、哲學和藝術作品裡，不容忽視。

這些苦悶和創傷，也同時反映出現代文化意識的另一趨勢——虛無主義。這趨勢的成因，極為複雜，與功利主義、道德相對主義，尤其是泛科學觀，都很有關係。此處不必深論，所應強調的是，虛無主義是相對於精神信念（faith）而言。所謂信念，就是相信生命和宇宙有一個終極的意義，而人生活在這世界上，就是為了體現這一終極意義。在這樣的了解之下，信念可以說是世界各高等文化傳統所共有，雖然它以不同的形態出現。可是在現代化的沖擊下，尤其在高度的工業化國家裡，精神信念已逐漸消失。所謂的虛無主義就是指這種精神信念喪失後所造成的虛無感。這種虛無感的散播，常常是潛滋暗長地，但是它給現代文化帶來的危機卻是不容忽視的。因為，信念，不僅與精神和心理的健全發展息息相關，就是對人類的知識乃至整個文明的成長，都是很重要的。西方學者如懷海德（Alfred Whitehead）和普蘭義（Michael Polanyi）甚至強調，在科學發展過程中，信念也直接或間接地扮演很重要的角色。例如開近代科學先河的那些大科學家，若不是對宇宙的終極秩序和對知識的終極價值有信念，如何會有那份勇氣、毅力和熱忱，投下幾十年的生命，面對重重艱鉅，去為科學篳路藍縷，開拓園地？這也就是說，信念只是不見容於泛科學觀，而與真正的科學思想，不但不牴觸，反而有助長和推進的功能。因此虛無主義的散播，不但在人類的精神和心理上抹上一層陰影，就是從人類文化的成長著眼，也有其難以估量的代價。

（二）以傳統為借鏡

前面所討論的這些文化意識的趨勢，互相影響，互相助長，處處顯示著現代化過度的發展，好似江水奔流日急，已有破堤氾濫之勢。因此，我們今天不能只一味地歌頌現代化，無條件地接受它的價值。是的，我們需要肯定它，但同時也需要檢討它，批判它。我們不但需要給它「定性」，同時也需要給它「定位」。而批判和「定位」的工作，是很有借助於傳統的必要。當然，這並不是說我們因此可以一成不變地搬用傳統思想。但我們深信傳統可以提供一些新的思考角度和方向。這些方向和角度並不一定能直接導向問題的解抉，但至少可以間接地引導出一些不同的觀點，開展出一些不同的視野，有助於我們研究如何防治現代化所造成的種種問題。

基於這樣的了解，首先我們必須重提傳統文化的深度和複雜性。前面我們已經就這兩方面肯定過傳統，但那只是從現代化的觀點去著眼。現在所需要強調的是從現代化以外的角度去發掘傳統的智慧。因為中國傳統的發展方向畢竟和西方文化很是不同，只有超越現代化觀點的局限，才能真正接觸到傳統文化特有的一些智慧。也只有借助這些智慧，才能真正發揮傳統對現代化補偏救弊的功能。

詳細討論這方面的問題，當然不是本文篇幅所能允許的，此處只能略舉數例來簡單地說明由傳統批判現代化的一些可循方向和途徑。首先，在價值方面，儒家傳統可資借鏡的地方是它深厚的「社群意識」。人不能，也不應該離開社會而生活，這是儒家的一個基本假定。在這個假定上，社群意識強調兩點，在一方面，社群生活應該以家庭為其基本模式，家庭所代表的是人與人之間的內心關切，而不是人與物之間的客觀聯繫。易言之，家庭是一個情感交流的聚合。因此，由家庭擴大而成的社群也應該是一個情感的聚合。在另一方面，這個情感的聚合必須以家庭為出發點，不斷地擴大下去，最後以包容全人類為對象。這種「天下一家」，「民胞物與」的社群意識，鑒於今日個人功利主義的氾濫，民族主義的高漲，豈可仍然視為傳統的玄談和幻想！

儒家傳統裡面，還有一種價值觀念，也很值得在此一提，那就是和諧與平衡。和諧是儒家天人合一宇宙觀的基調。因為這個基調，儒家不把人與世界完全視為一種對立和衝突的關係，也不把外界僅僅視為一個征服與宰制的對象。它所強調的是一種融通親和的關係。這種思想，在今天工業成長過度，生態環境失調的社會，尤足發人猛省，令人深思。

從這個角度看去，易傳的「時中」觀念就很有意義。我們知道貫串易傳的是一個變動發展的宇宙觀，但「時中」觀念所強調的是一種適時的，平衡的發展，也就是說當事物演化時，要求其整體各面的均衡，不讓任何一面作孤立而極端的發展。基於這種平衡的觀念，易傳反對驕奢盈泰，強調謙卑之德。迴視現代人類由科學知識而產生的種種狂妄自信，易傳這種思想，尤具深長的意義。

傳統不但可以就一些個別價值的內容，而且可以就價值本身的性質，讓我們換一個角度或方向去反省和檢討現代化。例如儒家的價值系統，前面說過，除了「禮俗規範」的成分外，還有「超越精神性的倫理」。這種倫理是環繞一系列的終極價值而展開，而它的主旨就是在彰顯這些終極價值的超越性，與其實現的方法。再借用一下韋伯的概念：儒家這種倫理是以「價值理性」，而非「功效理性」為其中心思想。如果我們可以用現代化裡面的「功效理性」去批判傳統，同樣的，鑒於這「功效理性」在現代社會所造成種種堪慮的後果，我們也可以傳統的「價值理性」去檢討現代化的「功效理性」。

從所謂的「價值理性」著眼，儒家和許多其他的高等文化傳統有一相似之點，那就是強調它所信持的終極價值有其普遍而永恆的意義。現代文明在道德相對主義的浸淫下，當然是否定這一點的，道德相對主義的主要根據就是所謂的「文化相對論」——世界上各個文化都有其不同的道德價值，因此共同而永恆的價值是不可能存在的。這種觀點，在邏輯上是否站得住，當然尚是一個問題，就是從事實上去推敲，也還大有商榷之餘地。因為從行為規則去看，各個文化是很有不同之處。但若從行為規則背後所依據的基本道德原則去看，則至少高等文化之間，甚多精神相通之處。舉一個很淺顯的例子，儒家的五常：仁、義、禮、智、信，放在世界任何一個其他高等文化傳統裡，都是會受到認可的。由此看來，從儒家的超越倫理去著眼，所謂的「道德相對主義」也是大有可議之處。

儒家的價值系統，還有另一面也可作為我們批判現代化的基礎。那就是儒家的宗教性。由於這宗教性，儒家的基本價值都是以精神信念為出發點。宋明儒學中所強調的誠和敬等觀念，最足以表現這種宗教信念。如前所說，精神信念是高等宗教傳統所共有，但是在不同的傳統裡，它是以不同形式出現的。這裡必須強調的是，西方和印度的宗教傳統常常認為精神信念只存在於「有神信仰」中。但在中國傳統裡尤其是儒家思想卻顯示：二者之間並無必然關係。儒家這一特徵，在今天的世界裡，特別具有意義。因為在「世俗化」（Secularization）日益普遍的現代社會裡，「有神信仰」，不論多神的或一神的，是越來越困難了，儒家思想至少顯示精神信念可以人文的傳統出現，也就是說，在一個「無神信仰」的文化裡，仍然有精神信念之可能。因此，我們今天如果要從精神信念方面去批判現代社會，儒家傳統供給一個很好的跳板。

這篇文章所提出的問題是繁複的，觀點是試探性的。許多重要論題，為篇幅所限，只能略引端緒，點到為算。主要的目的是希望藉此換一個方式去討論傳統與現代化二者之間的關係。在結束以前，讓我重複此文開端時所強調的論旨：我們不僅需要以現代化批判傳統，而且需要以傳統批判現代化。

五四運動的批判與肯定

五四運動的發生距離今天已有大半個世紀了，大半個世紀的時間不算短，照理應該給我們一個歷史距離，使大家對五四有一種共同的認識。可是事實不然，五四的意義到今天仍是中國知識分子聚訟的一個焦點。保守派詛咒它、攻擊它，認為是近代中國思想混亂，文化破產的基本原因。同時左派和自由主義派又從互相不同的角度去讚美它、歌頌它，認為五四是中國由傳統邁向現代文明的里程碑。種種爭論，不一而足。因此今天我們有重新認識五四意義的必要。這個再認五四的工作包括兩方面：第一，如何了解五四？第二，如何評價五四？

一、「如何重建中國文化」是五四知識分子迫切而實際的中心課題

五四，像任何一個時代一樣，有當時知識分子所特別關心的問題，以及他們對這些問題所提出的答案。因此，要了解五四運動，我們一方面必須認識五四知識分子所關心的問題，另一方面，也需認識他們對這些問題所提出的答案。

什麼是五四的問題？五四知識分子在當時所面臨的問題當然很多，但中心問題則毫無疑問只有一個，那就是：如何重建中國文化？也就是胡適在當時所說的「再造文

明」。這裡必須指出的是：對於五四知識分子而言，如何重建中國文化不是一個抽象的理論問題，也不是一個書齋裡的學術問題，而是他們的時代所帶給他們的一個迫切而實際的問題。也就是說，他們提出這個問題是發自內心對時代極強烈的感受和關懷。因此，要了解重建中國文化這個問題對五四知識分子的意義，首先我們需要對他們的關懷和感受有所認識。

什麼是五四的關懷？這裡，我們需要先認識所謂「五四運動」有兩種涵義：狹義的和廣義的。狹義的五四，主要是指民族主義運動，也就是指從一九一九年五月四日開始，在中國城市裡所展開的一連串愛國主義示威運動。廣義的五四，也就是這裡所討論的五四，是指一九一九前後幾年，由中國知識分子所發起的新文化運動。民族主義當然是這個新文化運動的一個主要動力，身為當時的中國人面對著帝國主義的侵略和軍閥割據，是不可能避免產生強烈的感時憂國、救亡圖存的情緒。可是，五四新文化運動所反映的關懷並不純粹只是民族主義，它尚有超民族主義的一面，這一面我們可以籠統地稱為世界主義。世界主義與民族主義很不相同；民族主義是當時知識分子站在中國人的立場所感受到的，而世界主義則是當時的知識分子站在人類一分子的立場所感受到的。這種世界主義，仔細分析，是由兩種意識交織而成的。首先，五四知識分子有感於中國是世界現代文明的一環，而現代文明有其主要的發展趨向和歷史潮流，因此認為中國應該認同這種趨向和潮流，才不愧為世界文明的一分子。這種想法，我們可以稱之為「潮流意識」。

陳獨秀在當時的《新青年》所發表的一篇很有名的文章——〈法蘭西人與近世文明〉，就很可代表五四的潮流意識。這篇文章一開首就指出：近代世界文明似乎有兩環：一個是西方一個是東方。所謂東方就是指中國與印度，但從他看來，實際上這兩個國家並不能真正算近代文明的一部分，因為它們的文化都還停留在陳獨秀所謂的「古代文明的窠臼」。真正可稱為近代文明只有近世歐洲。所以他認為東方與西方並不代表兩種不同的近世文明，而只是古代文明與近世文明的不同；換句話說，它們只是代表世界文明發展的兩個不同階段。陳獨秀說這段話的弦外之音，不外是：今天在中國從事文化重建工作要向歐洲近世文明學習，要向歐洲近世文化的先驅——法國看齊。這並不是東施效顰，而只是順應歷史潮流、文化演進的趨向，把中國由古代文明推進到近世文明。這種看法在當時是很具代表性的。

二、五四的人本主義，就是東西兩種人本思想匯合與激盪的結果

重要的是：陳獨秀這種潮流意識，在當時是常常和一種「人本精神」相伴出現，並為「五四」世界主義的重要兩面。所謂「人本精神」就是以人為本位，以探索人的價值和生命的意義為出發點，對當時的中國文化和社會作一種基本的檢討和反省。

五四這種人本精神的出現是有其思想背景的，一方面，中國傳統的主流──儒家，就是一種人本主義。儒家的基本思想不外是以人類為關懷，對人的個體及群體生命所產生的一套理想與觀念。五四的領導人物如胡適、陳獨秀、周樹人周作人兄弟都是受過很深的傳統教育，當然很可能不知不覺地受了儒家在這方面的一些影響。另一方面，前面提到，五四在思想上是自覺地向近代西方文明看齊，而西方近代文明，尤其是十八世紀啟蒙運動以後的思想主流，也是一種人本主義。因此，五四的人本主義，就是東西這兩種人本思想匯合與激盪的結果。這種結果，在胡適當時的思想裡有清楚的流露。胡適在五四時代寫了極有名也是他自認可以代表他思想的兩篇文章──〈易卜生主義〉與〈不朽〉。前者是他從西方近世人本思想的個人主義立場去探討人

的意義和價值；後者是他從中國傳統思想去追求生命的意義，這兩篇文章產生胡適人本思想中的一個基本觀點：個人生命的意義和價值必須肯定，但這個價值和意義只有在個人對人類大生命的貢獻中才能肯定。陳獨秀在《新青年》所發表的〈人生真義〉一文，也有類似的思想。我在這裡無意詳細說明陳獨秀和胡適的人本思想，我只想指出他們這些文章透露出五四時代的一個重要消息：當時的知識分子從不同的角度對人的意義作徹底的反省和探討，他們要問：人的意義和價值是什麼？什麼是真正的人性？作為一個現代人，應該培養那種人格，建造那種社會才能發揚他們所謂的「理想的人性」、體現「現代人」的意義。用五四另外一位健將——周作人在當時所說的話，他們「重新要發現人，去闢人荒」！

五四知識分子有許多就是受這種「重新要發現人」的精神的鼓舞，去從事新文學運動。周作人本人便是一個很好的例子。他在五四前後發表了一些很有影響力的文章如〈人的文學〉、〈新文學的要求〉等；提出了「人性的文學」、「人生的文學」、「人道主義的文學」等口號和主張。他的這些口號和主張，歸納起來，誠如他所說，不外兩點：一、文學是人性的；不是獸性的，也不是神性的；二、文學是人類的，也是個人的；卻不是種族的、國家的，鄉土及家族的。周作人這兩點文學思想，不啻對五四的世界意識和人本主義作了一絕好的說明。

周作人的哥哥魯迅，在五四時代寫了一些風行一時的短篇小說，其中最著名的當然是〈狂人日記〉和〈阿Q正傳〉。這些短篇小說的主旨是在發掘和批判中國人和中國文化的性格，值得注意的是：這主旨背後的基本觀點也是含有強烈的人本意識；因為，魯迅早年便對人性問題極感興趣，在他的文章裡他談到如何建立「人國」的理想，「致人性於全」的現代文明。實際上，魯迅死後，他的朋友許壽裳回憶他的文藝創作，就曾點出魯迅的人本意識和他的文學之間的關係。據許壽裳說，魯迅早年在日本的時候，就常常和他討論與人性有關聯的三個問題：怎樣才是理想的人性？中國國民性中最缺乏的是什麼？它的病根何在？我們可以說：魯迅的小說，主要是針對後面兩個問題而發，但他的出發點則大部分是他對第一個問題的關懷。也就是說，魯迅寫作的主題也許是中國的國民性，但是他所據以批判這國民性的標準，則往往是他心中隱隱約約所浮現的「理想的人性」。

總而言之，周氏兄弟和許多五四知識分子一樣，並不純粹是從民族主義的立場去面對時代的。由於他們的世界意識和人本意識，他們常常能超越民族意識，而從全人類的觀點去討論如何重建中國文化的問題。

三、五四知識分子把烏托邦的期望寄託在民主制度上，結果「德先生」與「賽先生」變成了「德菩薩」與「賽菩薩」

前面我們說明了五四知識分子所關心的問題，和這問題所反映的思想背景。現在要問：五四對這問題的答案是什麼？我們可以從兩方面去討論五四的答案。

（一）科學與民主：五四知識分子認為：如果要重建中國文化，我們必須向西方近代文明學習。西方近代文明的精華是科學與民主，也就是他們所謂的「賽先生」與「德先生」。因此，照他們看來，科學與民主是重建中國文化的鑰匙。問題是：五四知識分子是如何了解科學與民主？

五四對科學的了解是非常有歷史的意義。一方面，他們結束了從晚清以來科技不分的傳統；科學不只是一套「技藝」，而且是一套思想方法。同時，在價值上，他們的強調科學也有助於在中國建立知識主義的權威，彌補傳統對純知識所缺乏的尊重。另外一方面，五四也開啟了中國知識分子長久以來對科學性能的錯覺和誇大，因而造成一種「泛科學觀」或「科學主義」的心態。這種心態認為：科學是認識真實唯一的途徑；它是人類理性唯一的表現。它不但可以幫助我們了解現象，而且可以決定我們的價值觀、人生觀和宇宙觀。因此，掌握了科學知識，人類就可遲早解決一切問題。在這種心態的支配之下，難怪五四知識分子喊出「科學萬能」的口號。

這種科學萬能的口號，是在兩種背景下喊出來的。一種是思想背景：西方近代思潮，自啟蒙運動以來，就有強烈的泛科學觀的傾向。五四知識分子既然深受西方近代思潮的影響，自然受著科學主義的感染，但是五四的泛科學觀，除了思想背景之外，還有其獨特的心理背景，值得注意。

我所謂的心理背景是指影響五四的泛科學觀的兩種心理因素。前面提到，五四是民族情緒高漲的時代，救亡圖存是每一個知識分子的關懷。因此，在心理上他們非常希望發現一套思想武器，使中國能夠很快變得國富兵強，好像一個生了重病的人渴望發現一種仙丹靈藥來挽救他垂死的生命；科學就是他們心目中的仙丹靈藥。除了這種民族情緒所造成的特殊心理，要了解五四的泛科學觀，我們尚需領會中國知識分子個人在近代文化社會劇變中所產生的種種的心理需要：首先，十九世紀末葉以來，西方思想大量輸入，傳統宇宙觀解體，知識分子因此需要一套世界觀來幫助他們對宇宙和生命作一整體的解釋，幫助他們克服因傳統宇宙觀解體後對世界所感到的茫然。其次，西方文化的流傳，帶來新的價值系統，與傳統價值發生衝突，造成價值的混亂，個人的行為和群體的動向都因此感到無所適從。從這一角度看去，中國知識分子也很需要一套世界觀作為他們的價值指標和行為準繩。此外，近代中國一連串的戰爭和動亂，給中國人的生命帶來許多動盪、不安和焦慮，使他們更渴望有一套整體的世界觀，藉以在動盪不安中能夠維持心理的穩定，在困乏焦慮中覺得生命有所支持。這種種個人以及群體的心理需要，使他們對科學很容易產生幻想，幻想科學不單是救國的仙丹靈藥，而且也是個人生命所賴以指示迷津，維持重心的世界觀。在這種心理的支配之下，科學很自然地變成科學主義。

五四對民主的了解，也和它對科學的了解一樣，有其重要的歷史意義。一方面，它擴大了中國人對民主的了解。民主這個觀念，自從晚清流入中國以來，對於知識分子而言大約有兩個涵義，一個是當時所謂的「人民參政」，也就是今天所謂的「政治參與」（political participation），另一個是個人的解放（liberation from ）。在五四以前，一般知識分子所重視的是政治參與；個人解放這個涵義雖也為大家所接受，但其涵義的重點是政治的解放，也就是說：人民從專制政治的束縛解放出來。五四對民主思想的貢獻，不但在於強調個人解放這方面的涵義，而且認為，所謂解放不僅限於政治解放，也指社會、經濟、文化上的解放。因此，五四時代大家所熱烈討論的問題是：個人從家庭解放，婦女解放，兒童解放，窮人從經濟壓迫解放等等。以解放為主要涵義的民主觀念是受西方啟蒙運動的影響，五四時代這種擴大的民主觀念開始在知識分子間擴散，變成了近代思潮的一個主要課題。

五四不但擴大了對民主的了解，同時對民主也產生一種烏托邦式的期望。這種期望。也多多少少和我前面所討論的泛科學觀的心理背景有關係：中國近代，苦難重重，變亂頻仍，使人很容易在情緒上對未來寄以殷切的希望，幻想著未來有一個理想的社會出現。不但現在的重重苦難可以消解，而且人類種種的問題也都告解決，人間變成一片樂土。這種烏托邦式的心態，自清末以來，即在中國知識分子間散布。康有為的「大同世界」就是這種烏托邦心態的極好寫照。五四的知識分子開始把這種烏托邦的期望集中於民主制度，造成一些錯覺和幻想，常常使他們無法正視民主的涵義。

五四這種對民主與科學的了解，根據上面的分析，絕非偶然。就思想而言，五四實在是一個矛盾的時代：表面上它是一個強調科學，推崇理性的時代，而實際上它卻是一個熱血沸騰，情緒激盪的時代；表面上五四是以西方啟蒙運動重知主義為楷模，而骨子裡它卻帶有強烈的浪漫主義色彩。一方面五四知識分子詛咒宗教，反對偶像，另一方面，他們卻極需偶像和信念來滿足他們內心的飢渴；一方面，他們主張面對現實，「研究問題」，同時他們又急於找到一種主義，可以給他們一個簡單而「一網打盡」的答案，逃避時代問題的複雜性。是在這樣一個矛盾的心態之下，他們找到了「德先生」和「賽先生」，而「德先生」與「賽先生」在他們的心目中已常常不自覺地變成了「德菩薩」與「賽菩薩」。

其實，長久以來，大多數的中國知識分子對西方文化的態度都多多少少帶有五四的這種心理；他們面對著艱難的時代，既然感覺傳統文化無法應付，就難免把期待一古腦兒寄託在西方，希望在西方找到一支神棒，一種仙丹，神棒一揮，仙丹一吃，中國的苦難和問題都可煙消雲散。這是一種「西方求經」的心理，這種心理到五四發展到高潮，也多多少少留存到今天，而科學和民主就是「西方求經」的主要對象。

四、只有在傳統文化的灰燼上，才能重建中國文化的迷思

（二）反傳統主義：五四知識分子認為要重建中國文化，不但需要熱烈地接受西方現代文明，而且需要徹底否定中國傳統文化；因此五四對重建中國文化這個問題的

第二個答案就是一種激烈的反傳統思想。在五四以前當然已有批判傳統的思想出現。實際上，自十九世紀中葉以來即開始有中學西學的論爭，但是在五四以前，對於大多數知識分子而言，傳統並不是一個單純的整體。知識分子一方面固然辯論中學西學孰優孰劣的問題；同時他們也深知中學的複雜性，裡面有許多不同的學派和思潮。而且許多中國知識分子當時還參加這些學派之間的論爭，例如傳統的漢學宋學之爭，古文今文之爭，甚至儒佛之爭在晚清一直有著迴響。是從五四開始，知識分子一方面把西方近代文明簡化為科學和民主兩個要素，另一方面把傳統視為一個單一的整體而與西方近代文明對立起來。所謂對立就是認為這兩種文化之間的關係只有矛盾和牴觸，而不可能匯通融合。對於他們而言，西方近代文明代表進步，中國傳統代表落後；西方近代文明代表光明，中國傳統代表黑暗；西方近代文明代表開明的理性，中國傳統代表非理性的情緒、衝動和偏執。按照這種簡單二分法的邏輯，如果中國要進步，要理性，要前途光明，只有接受西方近代文明；要接受西方近代文明，則必須毫無保留地揚棄傳統文化。他們認為；只有在傳統文化的灰燼上，才能重建中國文化。

五四這種極端的反傳統思想不但在中國是史無前例；就是從世界文化史的眼光看來，也是一個很特殊的現象。因為西方文化在近世的擴張，不僅限於中國；非西方地區的其他一些高等文化如印度、回教地區、日本都受到衝擊。但是這些文化對衝擊的回應卻幾乎沒有可以與五四極端反傳統思想相比的例子。五四為何有這樣一個特殊的反應？簡單地說，應從兩個角度去分析。第一，五四的回應是有其歷史背景的。這個背景就是清朝中葉以後儒家思想發展的停滯。當時所謂的「宋學」已失去宋明儒學的廓大氣象和體驗基礎，而流為一套空虛的思想程式。另外一方面，「漢學」的「知識主義」，由於儒學傳統在認知理性方面的先天限制，也已走入斷港絕潢。這種文化思想的低潮，進入晚清以後，受到西方的衝擊，更是衰象畢露。五四的知識分子，透過科學主義的眼鏡，迴視自己傳統在近世的衰頹，已無法看到儒學盛時所有的生命體驗和超越意識那些層面。在他們的眼裡，儒家傳統已萎縮為附麗於皇權政治和家族社會的一套禮俗規範。當這套政治社會制度，在外力的震盪下，土崩瓦解，附麗在它們身上的禮俗規範和文化思想當然也顯得百無是處，毫無保留的價值。這是五四知識分子，根據中國近世的歷史經驗，對傳統文化所作的了解。這種了解的正確性是另一問題；但這種經驗的了解卻是他們否定傳統的一個主要依據，我們必須正視。

此外，五四知識分子的心理狀態也可幫助我們領會當時產生那種極端反傳統思想的原因。前面提到，五四知識分子有著一種很急切的期待心理，使他們對當時錯綜複雜的問題，渴求一個簡單明瞭，「一網打盡」的答案。由於這種心態，他們認為中國的問題可以在西方的科學和民主思想裡找到完全解決之道；也由於這種心態，他們認為中國的問題可以完全歸咎於傳統。一種心態，兩個方向，不但可以解釋（當然是部分的解釋）五四對科學與民主的過分期待，也可解釋五四對傳統籠統的否定。

不論我們如何解釋五四反傳統思想的起因，重要的是，這種思想變成五四心態很重要的一面，對於五四以後的知識分子產生很大的影響。最顯著的例子就是五〇和六〇年代在台灣展開的傳統與現代化論戰：當時擁護現代化而抨擊傳統的論調，多多少少是承襲著五四反傳統的心態。

綜上所述，要了解五四，我們一方面需要認識五四知識分子所提出的問題以及問題所反映的關懷；另一方面也需要認識他們對問題所提出的答案和答案所反映的心態。掌握了五四的關懷和心態，我們才能進一步討論如何評價五四。

五、五四要「重新發現人」「重新估定一切價值」在今天仍具意義

首先我們要問：六十多年前五四時代的問題，從今天看來，是否仍然有意義？不

錯，五四距離現在已有大半個世紀，但是五四時代的中心問題仍然是我們今天面臨的問題，我們的文化今天仍然在徘徊歧途，仍然在尋找方向，仍然在等待重建。所以，五四的文化重建運動所反映的關懷，在今天的意義是很值得檢討。

前面曾經指出，五四的關懷有兩個來源：一個是民族情緒。誰也不能否認，今天的國內外局勢是和五四時代很不同，至少帝國主義的凶燄已沒有當時之盛，但是同時我們也得承認：民族競爭仍是今天這個世界的一個基本事實；而且在今天這場民族競爭裡，中國人的文化和民族自尊並沒有得到真正的滿足。不錯，東方人的世界地位是比從前提高許多；但是誰都知道，今日代表東方文化而受世界尊重的是日本人而非中國人。因此，現在談文化重建，我們仍得正視民族主義這個文化動力。

但是，今天我們所應強調的不是民族主義，而是五四關懷的另一面——世界主義。當然，對於五四的世界主義，我們的態度並不是無條件地承受，而是批判的肯定。因為，如前面所分析，五四的世界主義是含有一種潮流意識；這種潮流意識，從好的方面說，代表五四知識分子對世界文化的一種開放心態；從不好的方面說，它有意無意地接受了西方文化的自我中心主義。開放的心態，我們當然要肯定；西方文化的自我中心主義，我們則不能接受。這是五四心態的一個「盲點」，我們必須警惕。

「五四」世界主義的真正珍貴的一面，是它的人本意識。上文說到，人本意識含有一種「要重新發現人」的精神。這種精神，從今天看來有好幾方面的意義：它給「五四」帶來一種「放眼世界，關懷人類」的心胸，這種心胸，就「五四」和「五四」以後的知識分子而言，是民族主義的一種防腐劑。有了這種心胸，民族主義可以避免產生狂熱和黷武的傾向。「五四」以來，民族主義在中國知識分子中間，始終沒有流於極端如日本五四的軍國主義和歐洲的法西斯主義，我們得感謝五四思想中的世界精神和人本意識。其次，五四的人本意識可以增加我們的文化深度和廣度。中國近代文化思想發展的一個很大局限就是太受民族情緒和國家意識的籠罩。以文學為例，我很同意夏志清先生的看法，中國近代文學因為被感時憂國的情緒所限制，許多有意義的文學題材不能發掘，文學思想不能發揮。也因此，中國文學作品不容易在世界文壇上引起共鳴。人本主義，以發掘人性，尋求人的意義為出發點，可以擴大我們的文學視野，使中國文學不完全為感時憂國的情懷所藩籬。

此外，更重要的是五四的人本主義所含有的批判精神。五四的人本主義既然是「要重新發現人」，自然對現存的和既有的人的觀念，人的價值和目的、人的行為和制度，作一番徹底的檢討與反省，從這一個觀點，五四喊出「重新估定一切價值」

(trans-valuation)的口號，絕非偶然。這一份批判精神，從今天看來，意義尤其重大；因為，今天不論是在大陸或是在台灣，歷史都發展到一個階段，需要我們中國人重認人的意義與價值。先以大陸而論，三十多年的所謂「社會主義建設」，給人民帶來了多少苦痛！多少災難，面對這些苦難，生活在大陸上的人們必須痛定思痛，反省自問一些基本問題：什麼是人？什麼是基本人性？什麼是人的基本需要？這個制度是否符合基本人性、滿足人的需要？在這個制度下生活，人是否還有意義？因為，今天的中國人必須牢記：制度不是人的主宰，它只是替人服務的工具，要檢查估量這工具的價值與意義，只有回到人本主義，去「重新發現人」！

台灣今天的情形和大陸當然不可同日而語；社會經濟發展很不同，文化水平也很不同。一言以蔽之，台灣已發展到一個現代化將近成熟的社會。可是現代化所帶來的種種問題和危機也已逐漸顯露。一個很顯著的例子就是現代化對生態環境所引發的失調和損害。必須指出的是：我此處所謂的生態環境失調是廣義的；因為在現代化過程中，不但一個社會的自然生態環境會失去平衡，它的「道德生態環境」(moral ecology)也會蒙受損害，今天在台灣，由於工業發展，自然生態環境的嚴重失調諸如空氣與水的汙染，已是社會所公認的事實，用不著我再詳作說明。我所要強調的是：台灣目前也面臨一個道德生態環境的失調，其後果也同樣堪憂。這種失調原因固然很複雜，現代化所引發的社會多方面的鉅變，則毫無疑問是其最重要的原因。三十年來台灣經濟的長足發展，常常使人忽略相伴而來，潛滋暗長的文化失調，由於這種失調，台灣社會的道德基礎已受到嚴重的侵蝕，造成今天道德價值日趨混亂，社會風氣日益敗壞。在一個法治基礎深厚的社會，有著法律架構的支撐——如歐美的一些工業先進國家——這種道德生態環境失調猶且產生問題，更何況今日台灣的社會、法治的基礎尚未完全奠定。法律的架構既不可恃，而道德的價值規範又在逐漸解體，因此生態環境因現代化而形成的危機，不僅限於社會經濟層面，而且也有深遠的文化道德的影響。面對這些現代化所產生的問題和危機，我們不禁要問：在現代化的過程中，人的意義是什麼，是人主宰現代化還是讓現代化主宰人的命運？要回答這些問題，要對現代化作深切的反省與檢討，我們又需要回到「人本主義」，又需要去「重新發現人」！

上面我們說明了五四所提出的文化重建這個問題在今天的意義性；我們的態度是同情的，是肯定的。但這肯定不是無條件的，而是批判的。我要強調：這種批判的肯定也是我們對五四就文化重建這問題所提出的答案的態度。

六、民主不是萬靈丹，也不是一蹴可幾

什麼是批判的肯定？首先我們贊成五四強調科學與民主對中國今後文化重建的重要性；但是，我們不同意五四對於科學與民主的了解。易言之，我們肯定科學與民主這兩項基本原則，但是認為科學主義與烏托邦式的民主思想需要批判。

先談我們為何要批判科學主義。前面我對科學主義曾有簡略的說明，現在說得更具體一點，科學主義就是科學觀的誇大，它認為以自然科學為典範的知識是了解世界萬象──不論是自然或人文現象──唯一的方法和途徑。問題是：自然科學方法是否足夠了解「人文現象」？這當然是一個極複雜的問題，此處無法深論；這裡只能強調一點，那就是從了解人文現象的觀點來看，自然科學方法的經驗觀念太褊狹。因為，科學方法所了解的經驗主要是指感官經驗（sense-experience）；而人的經驗是一個多層多面的東西，好些層面，如各種內心的體驗，道德感、美感、宗教感等，都無法化約為感官經驗。用科學方法去了解人文現象，便難免抹殺這些層面，犧牲人類經驗的豐富內容；這是一種思想上的化約主義其流弊所及，不但會造成文化上的偏枯，而且

可以架空五四的一個主要精神——人本主義。如前所說，五四的人本主義是要「重新發現人」；但是受著科學主義的限制，這種人本主義只能發現一個乾枯的人，貧血的人，而非完整的人，有血有肉的人。五四的「人本主義」在五四以後未能充分發揚，未始不和它的科學主義有相當的關係。

此外，科學主義也可能影響我們對民主政治的認識。因為科學主義蘊涵著一種科技萬能意識（technocratic consciousness）。這種意識的一個特徵就是不分「科技運用」與「價值實踐」，因此，認為任何政治和社會問題，只要從「客觀環境的需要」出發，順著邏輯的推演和經驗的分析，一切可以科學技術去解決。換言之，解決政治、社會問題，歸根究柢，不過是一種「社會工程」的運用而已；而「社會工程」端賴科技專家的領導與管理。重要的是，這種科技意識隱藏著一種與民主政治相牴觸的觀點；因為任何重要的政治和社會問題，都離不開價值的選擇和實踐，而在一個民主社會，正確的價值選擇和實踐，需要一個健全的輿論，對各種問題預先作自覺的反省和討論，以便民意作最後的抉擇。如果按照科學主義的想法，一切政治社會問題都是「社會工程」，取決於科技專家的領導，則將置民意的選擇於何地？一個政治，不能以民意的選擇為基礎，還成何民主政治？

前面我們曾經指出：五四一方面擴大我們對民主的了解；另一方面也造成一種阻礙我們認識民主的心態——烏托邦式的民主觀。這種心態之所以有礙於民主思想的發展，分析起來，不外兩層原因：第一，它使我們容易對民主制度過分的理想化，因而常常不能正視民主制度的真貌。這種民主觀的思想與心理背景，前面已經有所分析；這裡必須指出的是：烏托邦式的民主思想代表一種高調的政治觀。就任何政治制度而言，採取這種高調的態度，都有其危險性。因為，它低估了人性的陰暗面，它忽略了：任何一種制度，不論構想多麼完美，只要通過人的運用，即有其不可避免的缺陷和弊病；即使民主制度也不例外。事實上，今天我們只要稍微留意一下民主國家的政治運作，即不難看到這些缺陷。問題是：面對這些缺陷，我們應該如何評價民主？西方歷史裡有兩種態度值得我們參考。一種是古希臘哲人柏拉圖對民主的態度。

柏氏生長在紀元前五世紀到四世紀的雅典，他早年曾參與雅典的民主政治，也曾對民主政治抱以熱望。但是，民主政治所帶給他的，卻是頻頻的失望。最後，當他最尊敬的老師——蘇格拉底，因堅持真理而死於雅典民主政治之手，他對民主政治終於完全幻滅，柏氏也因此變成了一位反民主的思想家，寄望於專制的「哲王政治」。

從今天看來，以柏拉圖的睿智與他對雅典民主的親身體驗，他之批判民主政治，當然是有所見而發，但是，我們是否因此可以同意他對民主政治的否定？這裡，我認為柏拉圖對民主的認識還不如西方近代一位大政治家對民主的論斷來得深刻而中肯。這位大政治家就是英國前首相邱吉爾。

邱氏曾說過：民主確不是什麼好制度，只不過它比人類所能想到的其他制度要好些。邱翁這句名言是有很深的智慧，值得我們細心體會；一方面，他的話提醒我們正視民主制度的缺陷，避免我們對這種制度抱持幻想；同時也可防止我們對它有幻滅的危險。另一方面，他的話也提醒我們珍惜民主制度的可貴處，使我們不至於因民主制度的弊病而全面否定它的價值。珍惜而不流於盲目的理想化，批判而不流於武斷的反民主！這實在是我們今天對民主應有的態度。五四以來嚮往民主制度的中國知識分子，對邱翁這句警語，應該三復斯言！

烏托邦式的民主思想，除了對民主制度過分理想化，也可使我們無法正視建造民主制度的艱鉅。五四以來，中國知識分子常常有一個希望——希望民主能立刻到來；這種希望也常常變成一種一廂情願的想法，相信民主在中國的現實情況下就可憑空實現。殊不知，民主制度的實現，像任何其他制度一樣，是有其歷史條件的。這些條件包括中產階級的社會，教育普及，有利於民主的思想傳統和政治文化等等。當然這些條件不必一一具備，但至少某些條件要相當的成熟，民主才有真正發展的希望。今天世界上大多數的國家都以民主政治為其建國的目標，而真正實現民主政治的則只限於北美歐洲以及非西方地區的日本和印度等極少數國家，這種現象絕非偶然！我們到現在還不能找到一個歷史例證顯示民主能夠超越客觀環境而憑空實現。正因為如此，我們在非西方地區為民主努力的人，必須有任重而道遠的意識，必須認識：在像中國這種國家，通向民主的道路是遙遠而艱鉅的。有了這種認識以後，才能有那份耐心和毅力，為民主作長遠的奮鬥，才能不求近功，不急切衝動，不走極端。很顯然的，在五四那種烏托邦式的民主觀的影響之下，這種任重而道遠的態度是很難培養的。

七、全盤揚棄傳統，證諸史實是行不通的

對五四的反傳統主義，我們的立場也是批判的肯定。前面曾經指出：十八世紀以來，儒家思想的發展已進入低潮，整個中國文化傳統的活力也大不如前。面對著西方文化空前的挑戰，中國知識分子是應該對自己的文化作一番深切的反省與檢討。因此，就中國傳統文化而言，五四採取「一切重新估價」的態度是值得肯定的。問題

是，重新估價並不就是徹底的推翻；反省與檢討也並不就是全盤的否定。因此，對五四的極端反傳統主義我們需要批判。

我們可以先提出兩個問題來檢討五四在這方面的態度：首先，五四這種全盤否定傳統在事實上是否可能？要回答這個問題我們必須記住：傳統是群體的記憶，人是生活在記憶中，靠著記憶，我們才能有自我了解，自我認同的能力。因此，失去了記憶，人是否還能正常地生活便很成問題。同樣的，一個社會，徹底地抹殺了傳統，是否還能健全地運作也是問題。更具體的說：我們只要看看五四和五四以後的幾位以反傳統著稱的人物的思想和行跡，便大可懷疑，極端的反傳統思想的可行性。

胡適就是一個很好的例子。不錯。胡適對傳統的批判並非前後一貫的激烈。但毫無疑問，五四前後他是採取極端的反傳統立場；而值得注意的是：就在這一段時期，他的思想仍含有濃厚的傳統的影響。前面提到他在五四時代所寫的〈不朽——我的宗教〉一文，就是一個很好的例子；這篇文章顯示他的人本思想不僅是西方個人主義的翻版，中國傳統的「三不朽」觀念對他也有很重要的影響。再者，胡適當時學術思想很重要的一面是他的「整理國故」。雖然他再三強調：他的「整理國故」和當時高唱「國粹」思想的學者不同；他是認為中國傳統裡面充滿了妖魔鬼怪，因此他的「整理國故」是為了「捉妖打鬼」。但是胡適這方面的學術思想並不像他表面說得那樣簡單；胡適的家鄉是皖南績溪，而皖南是清朝中葉以來的漢學重鎮，胡適早年難免受到漢學考據學風的薰習，這種薰習毫無疑問是他「整理國故」和他一生偏愛傳統考據學的一個重要原因。

要探討全盤否定傳統思想的可能性，毛澤東恐怕是一個更好的例子。毛自稱早年曾受五四思想的洗禮，醉心於五四的激烈反傳統主義。但是毛的激進思想不論如何強烈，卻抹不掉傳統對他的影響，就以毛記馬列思想的一大特色——他的唯心傾向而言，傳統的遺跡是斑斑可考的。根據近年來大陸所發現的有關毛早年教育的資料，毛在接受馬列主義以前是深受儒家思想的影響。尤其是儒家以思想改造世界的觀念，透過《孟子》這類典籍和譚嗣同對近代湖南知識分子的影響，是造成毛唯心傾向的一個重大因素。更重要的是：毛不但在個人思想上未能超越他所憎恨的傳統包袱，就是他掌握權力以後，他的反傳統政策也未能如他所願的貫徹。我們知道，中共在一九四九年建立政權以後，曾發動一連串的思想改造運動，終而掀起一九六六年以後的文化大革命，其目的不外是想徹底清除傳統文化對他的烏托邦式的社會主義所構成的障礙。可是毛澤東的思想改造失敗了，文化大革命也失敗了。今天只要去過大陸的人都可以作見證：傳統並未在大陸消逝，事實上，三十多年的對外封鎖，使得一些傳統的思想和行為模式更為根深柢固！

我在上面所舉的這些例子很清楚地顯示：要想全盤揚棄傳統是不太可能的：即使可能，是否有此必要？易言之，傳統是否如五四所想像那樣地與現代文明全然牴觸？是否只有在傳統的灰燼上現代文明才能發芽滋長？首先，如前所論：五四的反傳統思想是有其經驗背景的：晚清以來中國在各方面所受到的空前挫折使得五四知識分子很自然地懷疑傳統文化的基本健全性。但是我們必須注意：晚清以來中國的歷史僅代表一段特殊而有限的經驗。西方的衝擊是在中國文化進入低潮以後發生的。我們能不能就以傳統文化在低潮時所作的回應為基礎來衡量整個傳統文化的健全性？何況中國近代的歷史環境極為錯綜複雜，我們是否能把中國所有的挫折全部歸咎於傳統文化這一個因素，也還是一個很值得商榷的問題。更重要的是：當我們放眼世界，看看傳統與現代文明在世界其他地區所產生的關係，五四所代表的立場也很值得懷疑。

八、近代西方和日本在現代化過程中，傳統都發揮過一定的影響力

尤其值得我們參考的是近代西方和日本所展現的，傳統與現代化之間的關係。因為以整個近代世界而論，現代化在這兩個地區進行得最順利，成果也最輝煌，而同時於現代化的推進又都發揮了極重要的促進與調適的功能。其原因當然很複雜，無法在此詳論。大約可以就兩點作簡單的說明：第一，在這兩個地區，傳統文化透過對個人的世界觀和價值觀的影響，供給他一種內在自發的動力，驅使他勤奮努力的工作；這就是西方人所謂的勤勞的工作精神（workethic）。沒有這種精神，現代化不會在西方出現，而日本的經濟成長也不會有今天這種驚人的成績。重要的是：在這兩個地區，勤勞的工作精神都是以傳統為源頭。在西方，基督教傳統之成為西方資本主義之精神動源，已是學者所公認的事實。而日本的現代化與其傳統之間的密切關係，也是近年來眾所周知的事實。

其次，在近代西方和日本，傳統在現代化的過程中都曾發揮平衡和穩定的功能。原因是，由於現代化的發展，個人從傳統社會結構中解放出來，在心理上和思想上都

有日趨自主，日趨孤立之勢，這種「個人主義」的趨勢走到極端，可以形成一種「唯我式的個人主義」——個人只承認自己情緒和物質上的需要，而不承認任何客觀共許的價值。其流弊所及，個人只認權利而不認義務，權利與義務一旦失去平衡，社會的道德基礎勢必因此受到侵蝕，而社會的凝合力也勢必日趨鬆散，這是現代化的一個隱憂，西方有識之士，近年來已認識其嚴重性。

但是迴視西方的現代化在過去能有長時期的健全發展，不可不歸因於西方的傳統在現代化的過程中能夠發揮其調節平衡之功；因為，西方的傳統，不論是來自古典的希臘羅馬文化，或是來自基督教文化，都承認個人自主的重要性，但同時也都強調個人的思想行為必須受到客觀價值的繩範。也就是說，在西方傳統的影響之下，個人的權利和社會義務是維持一種平衡。即以美國而論，這種平衡的打破，也是十九世紀中葉以後慢慢形成的趨勢，在此以前，是美國民主的奠基時代，受著基督教和西方古典兩種傳統的影響，個人主義與社會意識是有著平衡的發展，而美國的民主也因此奠定一個健全的基礎，為十九世紀以後現代化的長足進展鋪路。

就個人主義而言，日本的現代化是與西方很不相同的。儘管日本的現代化很早就趕上歐美，個人主義始終沒有在近代日本社會生根，日本現代化所呈現的特色，反而是一種強烈的群體意識，這種群體意識在某些方面是有其弊端的，在二次大戰前並且曾造成日本現代化的病態發展。二次大戰以後，這種群體意識，改弦易轍，以一種新的形式出現，變成日本戰後空前的經濟成長的一大原因；而其經濟成長能有輝煌的成果，卻未受個人主義之累，也得歸功於它的文化中的群體意識。這種群體意識從何而來？答案是，來自日本的傳統。

九、「道德生態危機」是所有現代化社會或多或少的危機

我在上面簡單地討論了傳統在西方與日本的現代化過程中所扮演的角色和五四所了解的傳統很有不同。從中國人的眼光來看，日本的這段歷史經驗尤其有意義，因為日本在文化上曾受過中國極大的影響。日本文化傳統裡，唯一土生土長的成分是所謂的「神道」，而「神道」，嚴格地說，是一種初民宗教，所以，日本的高級文化成分幾乎全部來自中國的傳統。此處必須指出的是：日本在十九世紀現代化開始以前，是所謂的「德川幕府」時代，而德川幕府前後兩百多年的統治，正是儒學鼎盛，變成日本的官學的時代。當然德川時代，日本的文化思想甚為複雜，佛教與神道思想也很有

分量，未可以儒學一家的思想來概括。但重要的是：儒家的一些基本倫理觀念，透過當時相當普及的教育，給予日本一般人民極大的影響。再者，十九世紀中葉以後，明治維新推動了日本現代化，而明治維新的領袖人物中，有不少是服膺儒學的。因此，儒學在日本與現代化的關係與儒家在中國所扮演的角色，適成一鮮明的對照。

同樣重要的是：近二十年來，西太平洋地區，如台灣、南韓、香港和新加坡，在經濟發展上，已有追踵日本的趨勢；這種趨勢，在非西方地區是一種很獨特的發展，已引起世界學者廣泛的注意。許多學者，鑒於這些地區在文化背景上都曾受過儒家傳統的影響，已提出儒家文化有助於現代化的看法。甚至有人把儒家文化在這方面的影響，與西方近世初期基督教助成資本主義萌芽的歷史先例相提並論。根據東亞這些新近的發展，和我前面所討論的西方和日本的歷史經驗，我們自然要懷疑：中國的傳統，是否如五四知識分子所強調，在本質上是與現代化一定背道而馳的。

因此，我們今天不但認為五四的全盤否定傳統是不大可能，而且從現代化的眼光看去也無此必要。這裡必須進一步指出的是：我們今天批判五四，不能只注意五四反傳統思想的內容，而且要檢討這反傳統思想背後的一個基本假定，這個假定就是：現代化是衡量一切的基本價值標準。也就是說：現代化是價值衡量的當然主體，而傳統則只能是被衡量的客體。這種單方向的衡量不但支配五四一代的思想，而且也是五四以來大多數知識分子的基本前提。甚至許多對傳統採取同情和肯定的立場也無形中接受這個前提。

但是時至今日，這種單向的價值衡量已大成問題；因為現代化本身所隱藏的一些危機已逐漸顯露。對於這些危機，我們有認識和檢討的必要。這項認識和檢討的工作，當然很複雜，但是我們深信在這裡傳統是可資借鏡的。此處不是詳細分析這個問題的地方，只就前面所提到的現代化的「道德生態環境」所造成的危機，稍加引申，主要目的是想以此為例，對於如何從傳統的觀點可以幫助我們認識並檢討現代化的危機，略作說明。

現代化對「道德生態環境」所造成的侵蝕，絕不只是台灣今天的社會所特有的問題，而幾乎是所有現代化的社會都或多或少所面臨的威脅。因為這種侵蝕反映現代化過程中的一些基本的癥結。其中最明顯的當然是客觀價值秩序的解體。這個解體的來由甚多，現代文化裡所充斥的文化相對主義當然是一個重要的原因。上面所論及的極端個人主義與泛科學觀也都是不可忽視的因素。前者發展到極端，只承認個人的利益和情緒的需要，其足以造成道德解紐，理甚顯然。至於泛科學觀之危害道德基礎，也漸為學者所注意。上面提到，泛科學觀蘊涵一種經驗化約主義，其流弊所及，在道德上認為價值判斷不過是主觀情緒的反應，沒有客觀理性的意義，也就是說，道德只有主觀相對的立場，而無客觀共同的標準。

客觀價值秩序的解體代表現代人喪失對價值作理性思考的信心。但同時現代化又常常被視為一個「理性化」的過程，可是這裡所謂的「理性」卻是指一種特殊的理性，可以稱之為「功效理性」。所謂「功效理性」就是指人對於如何達到既定的目標所作的理性思考。也就是說：現代人雖然失去對人的基本價值和目的作理性思考的能力，卻對如何達到目的之工具、方法和途徑有著空前的理性能力。

值得強調的是，在這種「理性化」的過程中，人已有失去自己的危險。這實在是現代文明的一個莫大的矛盾與諷刺，因為西方近世文明從開始就孕育著人類從中世紀神權思想解放出來以後對自己所產生的無限自信——自信憑著自己的知識與能力，可以征服自然，控制環境，為世界之主宰。可是令人不可解的是：現代文明也同時造成人類自覺個人渺小，無力自主的現象。因為在現代化的過程中，為了征服自然，控制社會環境，人創造了一些龐大的客觀制度和經濟社會力量，例如政府和私營企業所共有的龐大的官僚組織，網羅一切的市場結構，無孔不入的大眾傳播媒介等，而這些力量和制度一旦形成以後，往往有它自己的動力，不但不能為人所操縱，反而回過頭來控制人類的命運，推動人走向自己意想不到的方向；因此現代人類常常感到自己的渺小，他的一切都被一些巨大的客觀力量所支配。顯然，人在現代化的過程中已漸漸失落了，人已失去反省和決定自己生命的目的與方向的能力，人已不知道什麼是自己真正的需要和價值，什麼是人之所以為人的特性；人變成一個大腦發達，而心靈枯萎的動物。

十、要超越五四，以傳統為基點去批判與反省現代化

要想認識和檢討這種現代化的危機，我認為有借助傳統思想的必要。因為傳統思想，不論是儒家、佛家或道家，都是環繞人的生命問題而展開的。它們所關懷的是人的生命的究竟目的，它們所要探討的是生命目的的終極價值和意義。因此對於現代人類而言，傳統思想有一種暮鼓晨鐘的功能：它可以提醒我們需要追問人的終極目的是什麼？追問現代化所產生的種種制度、技術、目標究竟對人有何意義？總而言之，使我們警覺：在現代化的籠罩下，人的生命已面臨失落和汨沒的危機。同時，傳統思想

對於人生的探討和剖析，也展示一些智慧，這些智慧和現代文明所重視的功效理性在性質上很不同，但是對於反省生命，和從事價值思考卻有其特殊的理性意義，值得現代人類的珍視。

我在這裡無意誇大傳統的價值，我並不認為應付現代化的危機，我們可以完全乞靈於傳統思想，我也並不相信我們可以一成不變地搬用傳統思想去防治任何現代化所產生的問題。但是，我深信傳統可以提供一些思考的角度和方向；這些角度和方向也許不能直接導向問題的解決，但至少可以間接地引導出一些不同的觀點，開展出一些不同的視野，有助於我們認識和檢討現代化的種種問題。因此，我們今天不但要肯定五四對傳統作批判與反省的工作，我們也要超越五四，以傳統為基點去批判與反省現代化。

這就是我所謂的批判與肯定。我們今天需要肯定這份五四的文化遺產，因為它有超時代的意義，我們也需要批判它，因為它也有它的時代的限制。只有經過批判的肯定，我們才能化五四的文化遺產為活的五四傳統，為未來的中國文化重建鋪路。

傳統與近代中國知識分子

傳統思想是否在近代中國發生文化斷層現象？近代知識分子與傳統的關係是脫節？還是承繼？這些問題當然是頭緒紛繁，牽涉極廣，在這篇短文裡，我只想就現代學者歷年來在這方面的觀點作一重點的、抽樣的簡單說明和批判，希望藉此能對這問題的複雜性稍作釐清。

大約言之，現代學者對這個問題採兩種觀點：第一種是強調傳統在現代的斷層和脫節，這種看法盛行於五〇和六〇年代。七〇年代以後開始轉變，漸漸注意傳統對現代的影響，逐漸重視現代與傳統的連續性。這是第二種觀點。

強調斷層的觀點有好幾種說法，總括起來，也可簡分為兩類：一類是比較簡單而普遍的說法：這種說法的基本觀念是：西方衝擊，傳統崩潰。這種觀念常以兩種形式出現而造成廣泛的影響：

一、五四形象：五四是由傳統過渡到現代文化的轉捩點，而五四是以激烈的反傳統主義為其特徵，因此造成一種印象；五四以後，在激烈的反傳統思想的衝擊之下，傳統發生文化斷層。

二、革命形象：二十世紀的中國經歷了一場大革命，這場革命以中共的社會革命為歸結。因為這場大革命，傳統被一掃而清，徹底的崩潰。

除了上述比較簡單的說法，強調斷層的觀點尚有一些比較複雜的說法。其中最值得注意的是美國學者李文孫（Joseph Levenson）提出的觀點。表面上這個觀點似乎與強調傳統斷層的說法很有不同，因為他承認近代知識分子在思想意識上與傳統有許多相銜接的地方；但因為他對這些銜接有特殊的看法，他的基本觀點在實質上仍然是強調傳統與現代文化脫節。他這個特殊看法就是他有名的文化認同說。

李文孫此處所謂之「文化認同」乃指中國近代知識分子，在西方帝國主義的侵略與文化衝擊之下，由挫折感與屈辱感所產生的文化自卑心理。李氏認為：由於這種自卑感的作祟，中國知識分子，自晚清以來，往往有美化傳統的心理需要，因此，他們之肯定或歌頌傳統，主要是來自情感上的依戀，而非來自理智上的信服。李文孫的整個觀點似乎是建立在一個假定上，那就是中國知識分子，生長在現代世界，在理智上，已不可能再認同傳統的任何觀念和價值。就這一點而言，李氏的觀點在基本上與傳統斷層的說法頗有異曲同工之效。

這些有關傳統斷層的各種說法，都失之於對近代思想的了解過於簡化，經不起歷史的分析。我們若以胡適思想為例，便很容易看到以「五四形象」為依據的傳統斷層論的破綻。從表面上看去，胡適的思想似乎很符合傳統斷層的說法。他是五四運動的領袖，而且自五四以來始終是一個反傳統主義者。但是從深一層去看，他與傳統的關係與他倡導的反傳統主義是頗有差距的。首先，在行為習俗層面，他仍然承襲了一些傳統的價值和模式。例如：在他高唱反傳統主義的五四時代，他遵從母命，回到家鄉，締結了一個非常傳統式的婚姻。很顯然的，孝這個傳統道德仍然是一個可以左右他的行為的價值。

傳統的影響，在胡適的學術思想裡也留下了一些痕跡。他早年的整理國故思想就是一個很好的例證。他曾再三強調，他之提倡整理國故，與當時高唱「國粹」思想的學者不同；後者的目的是表彰傳統文化，而胡適是相信中國傳統裡面充滿了妖魔鬼怪，因此他的「整理國故」是為了「捉妖打鬼」。從這一個角度看來，他的「整理國故」思想當然是他的反傳統主義的一面。但是胡適這方面的學術思想並不像他表面說得那樣單純，胡適的家鄉是皖南績溪，而皖南是清朝中葉以來的一個漢學中心。他早年難免受到家鄉考據學風的薰習。這些薰習造成一種學術偏愛，毫無疑問是他提倡整理國故和他自稱一生有「考據癖」的一個重要原因。因此，我們絕對不能把他的國故思想完全簡化為他的反傳統主義的一環。

更重要的是，傳統對胡適的影響不僅見之於他的缺乏自覺反省的思想和行為層面，而且也反映於他經過自覺反省的核心思想層面。胡適在五四時代曾寫過一篇他自認可以代表他的基本思想的文章——〈不朽：我的宗教〉。在這篇文章裡，他特別提到《左傳》魯襄公二十四年，穆叔答范宣子有關「不朽」這個觀念的一段話：「豹聞之，太上有立德，其次有立功，其次有立言，雖久不廢，此之謂不朽。」胡適認為這一段話很可以代表他的宗教觀。也就是說，他相信：一個人的死亡，個體生命雖然消逝，但他在世時的一言一行都會對社會總體留下影響，而這些影響也都會隨社會總體的不朽而不朽。

胡適這一不朽的觀念顯示：他的基本社會思想並不是單純來自西方近代的個人主義，而是摻有濃厚的社會群體意識。而這社會群體意識的一個重要源頭就是中國傳統的三不朽論。明乎此，誰還能說五四所造成的傳統斷層形象可以代表近代中國知識分子與傳統的關係？

以「革命形象」為代表的傳統斷層論也是同樣的經不起歷史事實的考驗。毛澤東的思想便是一個絕好的例證。毛根據馬列主義所倡導的社會革命，特別是他晚年所發動的文化大革命，都是以徹底推翻傳統為前提。但是即使在他這樣一個極端的反傳統的思想裡面，也不難發現一些傳統思想的蹤影。此處最值得注意的自然是他的唯心傾向。當然共產主義的唯心傾向並不始自毛澤東，列寧就已強調主觀意識對引發共產革命的重要性，但列寧的唯心傾向和毛澤東比較起來未免是小巫見大巫。更重要的是：毛在變成馬列信徒以前就有強烈的唯心傾向。因此，列寧的影響充其量只可能是一個助緣。毛的唯心傾向的主要來源仍是中國傳統。毛早年所受的教育很可支持這一論斷。首先，他少年時曾進過六年私塾，這長時期的私塾教育使他對儒家傳統的基本典籍有相當的根柢。特別是《四書》，據說他能背誦，因此《四書》以唯心論為前提的一些基本觀點很早就灌輸到他的思想裡面。其次，毛是湖南人，他所心儀的湖南先賢如王夫之和譚嗣同都是強調主觀意識對人格塑造之重要。這些人的影響在他早年的作品裡均有痕跡可尋。再者，對毛早期思想發生影響最大的兩位前輩——楊昌濟和李大釗也都是唯心傾向極強的知識分子。鑒於這種教育背景和思想傳承，我們有理由相信毛澤東的唯心論是可溯源於儒家傳統的思想。傳統的影響居然在毛這樣一個激進的心態裡出現，其他知識分子的思想可以想見，準此以論，以「革命形象」為代表的傳統斷層論自然大有問題。

至於李文孫的文化認同論，前面曾經指出，這個觀點也含有一種變相的傳統斷層觀，而他這種看法是建立在一個前提上，那就是近代中國知識分子對於傳統上只可能有情感上的依戀，而不可能有理性的信服。但是衡諸史實，這個前提是站不住的。我們且以梁啟超與譚嗣同兩人的思想為例證，對李文孫的觀點的偏頗，稍加說明。

梁啟超是中國近代啟蒙運動的先驅人物。他一生對傳統的態度經過幾次變化，大致而言，他的思想最激進的時期是他於戊戌之難後，逃亡日本的最初四、五年，在這一段時期，在政治上他曾同情革命的主張，與當時的革命派謀求合作，在文化上他曾喊出破壞主義的口號，提出「新民」的觀念，大量介紹西方思想。耐人尋味的是：就在他的思想變得最激進的時候，他每天仍然圈點《明儒學案》，並從事《節本明儒學案》和《德育鑒》的編訂。這兩本書可以說是他根據陸王思想所作有關身心鍛鍊之學的選粹，他在《德育鑒》中並且以辨術、立志、存養、省察、克治等宋明儒學的觀念對《明儒學案》中的修養論作了系統的排比，因此梁啟超的思想在當時呈現一種兩歧的趨勢：一方面大量的吸收西方思想，對傳統作激烈的批判；另一方面他又透過《明儒學案》對傳統思想有所肯定。

梁啟超思想中這種兩歧的趨勢，從表面上看，似乎很合乎李文孫的解釋。他在「新民」的口號下大量介紹西方思想，代表他在理智上已經肯定西方文化，而他之繼續研讀傳統典籍意謂他在情感上仍然對傳統不無依戀。但是我們不能從這個觀點去看梁啟超當時的思想，因為以梁當時的生活環境而論，他對明儒思想的興趣顯然是別有所本。這裡必須指出的是：當時，梁在政治上從事維新救亡運動，同時又從事文化啟蒙的倡導工作，身心均感受極大的壓力，而他發現研讀明儒思想中的身心性命之學，很能使他在動盪紛擾中，維持心理的平靜；在橫逆挫阻之中，能夠堅持自己的信念。不錯，他當時有關國家社會的基本信念已經吸收不少西方的價值和觀念。但他深知在當時的政治和文化環境中去堅持和散播這些新的信念和價值卻是一個艱鉅的工作，很需要一個堅強的身心和沉毅的性格。而梁就是在培養鍛鍊這種身心性格的體驗過程中發現明儒思想的價值。

從這一個觀點去看，梁之研讀明儒思想並非情緒的發洩而是基於切身感受的「理性」需要，當然，此處所謂的理性是指一種特殊的「工具理性」。就這種理性的吸收傳統思想而言，我們可以說他當時的激進思想是含有相當成分的「西學為體，中學為用」的模式。

這種模式當然只代表梁與傳統思想的錯綜複雜關係的一面，但重要的是：這模式絕不僅限於梁的思想，它在中國近代思想裡，乃至日本近代思想裡，也是屢見不鮮的。例如：日本維新志士與陽明思想的關係，就很可以從這個角度去了解。日本維新志士，從吉田松蔭以降，許多是服膺王學的，但他們從王學思想中所吸收的主要不是儒家對政治社會的基本價值觀念，而是王學中講求鍛鍊性格的修養論。惟其因為他們服膺王學中的修養論，這些維新志士才能發揮一往無前的勇氣和堅定不拔的性格去擺脫傳統文化中的障礙，開創一個空前的時代。中國近代思想發展裡沒有這樣突出顯著的例證，但是仔細檢查一些近代人物的思想和行為，如宋教仁、蔣介石、閻錫山、毛澤東和劉少奇等，也不無「西學為體，中學為用」的思想模式。這種模式在他們的思想裡的比重容有不同，但是它的出現，毫無疑問意謂這些人對傳統的肯定不僅發自情緒的依戀。

譚嗣同的思想發展可以使我們從另一個角度去了解李文孫的「文化認同」說的局限。譚與梁啟超一樣是中國近代啟蒙運動的早期領袖人物。他的思想也和梁啟超一樣，有其兩歧性：一方面是他思想上激進的趨勢：他是中國近代反綱常名教的急先鋒。另一方面，他的著作含有濃厚的傳統色彩，特別是他的主要作品——《仁學》一書，其中心思想大半來自傳統的儒、墨、道及大乘佛教思想。從李文孫的觀點看，譚嗣同思想的兩歧性很可支持他的文化認同觀，因為我們可以說，譚之正面攻擊綱常名教顯示他已在西化的影響下認識了中國傳統禮教秩序的非理性；而同時這種對傳統的認識也產生一種文化的自卑感，促使了他在《仁學》中闡揚各種傳統思想，以求心理上的補償。

我們雖然不能否認譚嗣同對傳統思想的肯定完全沒有這種心理作祟。但是仔細檢查他一生的生活背景和思想發展，顯然他對傳統思想的認同和發掘主要是來自他對生命的一番特別的感受。

這種對生命的特別感受是和他早年的身世極有關係。譚幼年生長在一個極不愉快的家庭，自稱「備受綱倫之厄」，更重要的是，他由童年至成年所遭受的各種死亡之疼，在他的生命中抹下了一層很深的陰影：這種死亡的陰影和家庭的不幸，使他對生命時常感到一種茫然和厭倦——一種他所謂的「蒼然之感」。是透過這種對生命的特別感受，他才發現傳統的典籍含有許多精神智慧，可以消解他的「蒼然之感」，替他重新找回生命的意義。從這個觀點看來，譚嗣同對傳統的肯定也是理性的。如果我們可以說梁啟超在傳統思想裡發現了一些「工具理性」，或許我們也可以說譚嗣同在傳統思想裡發現了一些「價值理性」，這兩個例證充分地顯示：知識分子與傳統關係的多樣性，絕不能輕易地將之完全化約為李文孫所謂的「文化認同感」。

根據上面的分析，過分強調傳統在近代的文化斷層是大有問題的。因此，近十幾年來，學者們漸漸注意現代文化與傳統的種種銜接關係是一種健康的轉變。但是這個轉變，在演發的過程中，也時有矯枉過正，走上另一極端的趨勢。這種趨勢在中外學術界裡都曾出現，值得我們警惕。

在海外強調傳統對現代影響最力的是美國學者墨子刻（Thomas Metzger），他對宋明儒學思想的分析極有洞見，是近年來糾正西方韋伯學派對儒家思想的誤解的開山之作，影響極大。可是他的書中，因為對儒家傳統在近代思想中的持續性過分強調，就有走上另一極端的趨勢。

墨子刻認為儒家是一個極富道德理想主義的傳統。這份道德理想主義，造成儒家內部強烈的緊張性與激盪性，可是儒家卻缺少內在資源使這理想主義充分發揮。因此，內在的緊張性與激盪性也無由宣洩，而激發傳統內部轉化。在他看來，近代變局之造成正是因為西方思想的輸入，使得傳統的道德理想主義得以充分發揮，而傳統內部的激盪性與緊張性，也因此得以宣洩，由是而導致近代思想的轉化。

基於這個觀點，他認為中國近代知識分子，在基本價值上，常常是承襲了傳統儒家的道德理想主義，只是在實現這道德理想主義的工具上（不論是科學技術或者是典章制度）接受了西方文化而揚棄了傳統。這種看法，當然可以幫助我們了解「中學為體，西學為用」的心態，以這種心態對近代文化的影響的深遠和廣被，墨子刻的觀點是值得我們深思的。但我們也不可忽略近代中國是「三千年來未有之變局」，這個變局，在思想層面，絕不限於工具性的觀念和價值；基本價值也在變。

就以傳統儒家的大同理想為例。這一理想無疑是儒家的道德理想主義的結晶。但是近代的大同觀念，不論是康有為的烏托邦思想或者是毛澤東的共產主義的理想社會，絕不只是傳統的迴響。必須注意的是，康有為和毛澤東都曾受過西方的影響，他們的烏托邦思想都是以未來為取向，是極富前瞻性的。而傳統儒家的大同觀念，仍然主要是以過去為取向；前瞻性不能說是完全沒有，但絕不可與西方現代文化中的前瞻性思想相提並論。再者，就內容而論，近代與傳統的大同思想所反映的價值觀，也是有很重要的區別。單就家庭觀念而論，儒家的社會理想絕無排斥家庭的觀念，所謂大同社會只是家庭的擴大和延伸而非超越與排斥。張載的〈西銘〉便是一個典型例子，他所謂的「民胞物與」是指以家庭結構為模式而組成一個「天下一家」的社會。但是近代中國的烏托邦思想，即以康有為、毛澤東為例，都是以家庭為排斥與超越的對象。因此，同一價值觀念，在傳統與近代可以有很不同的內容，這是墨子刻所忽略的。

再舉一個例子，現代中國知識分子常常肯定傳統基本價值如仁這樣一個觀念。我們能否因此假定他們對仁的觀念就是傳統的延續？我認為我們不能輕易作這樣一個假定，因為就傳統的觀點而言，仁不僅是一個代表應然的價值觀，而且也是一個代表實然的宇宙觀。因此，仁與「天人合一」的宇宙觀常常是分不開的。惟其如此，傳統思想中的仁是有其形上和超越的基礎；而也正因為如此，對於一個傳統心靈而言，仁不是某一特定文化所肯定的價值，而是「天之經，地之義」，不容懷疑的。而另一方面，現代知識分子之肯定仁，則只是視之為中國文化特有的一個精神價值；傳統的宇宙觀，如「天人合一」思想，已因科學的自然主義的衝擊而破滅，自然無法給予仁的價值觀以形上與超越的根據，傳統對仁那種「天之經，地之義」的信念也因此不可能。是故，同樣的價值肯定，後面支持的信念，則因傳統與現代之分而大有程度之別，不可輕易混同。總之，近代思想的變局，不但導致了價值內容的變化，而且也引發了對價值信念的強度的變化。同樣不可忽略。

在中國學術界，極端強調傳統對現代文化影響，也頗不乏人。大陸學者金觀濤就是一個例子。他與墨子刻對傳統的態度很有不同；他對傳統大致上是採取批判的態度，而墨子刻對傳統則是採取同情的態度；他認為傳統是中國現代化的阻礙，而墨子刻則認為傳統對現代化可以有正面促進的功能。二者態度儘管不同，他們都對傳統在現代文化中的分量有過於誇大的傾向。

金觀濤這種傾向見之於他去年（一九八八）在新加坡儒學會議所發表的〈馬克思主義儒家化〉一文。他此處所謂的馬克思主義，當然是指毛澤東思想。他認為後者有一個基本的特徵，那就是倫理中心主義或道德理想主義。這個特徵主要表現於劉少奇在三〇年代所寫的《論共產黨員的修養》一書。這本小冊子，在文革以前是中共黨員必讀之書，在中共基本文獻中占極重要的地位，影響極大。在金觀濤看來，這本書的論旨與傳統儒家的倫理觀有很多相似之處。它的重點不在強調學習馬列主義中的客觀認知真理，而在強調學習馬克思、列寧等共產運動領袖的人格修養。其次這本書在討論共產黨員應有的修養時，採用了儒家倫理觀裡面的一些觀念如慎獨及公私之辨等。他認為這種相似絕非偶然，因為它代表儒家的道德理想主義已在中共的馬克思主義裡借屍還魂，而造成他所謂的倫理中心主義的思想。

前面我曾經提到毛澤東思想是帶有濃厚的傳統色彩，因此，《論共產黨員的修養》裡面含有儒家的思想成分是無足驚異的，但我們是否可以因此而認為中共的馬克思主義思想已經儒家化，則大有問題。首先，金觀濤所提出的論證是不足以支持他這一結論的。前面提到，金觀濤認為：《論共產黨員的修養》一書中強調學習共產運動領袖的個人人格修養，是反映傳統儒家的影響。無可否認，儒家的修養論是重視學習人格的表率，但更重要的是：儒家對人格的表率有其實質的定義，也就是說，儒家有其特定的人格理想——聖賢君子，這種人格理想，以及構成這種理想的種種基本德性——如五常、三達德等，在劉少奇的書裡並未提及，更不要說表彰了。因此，充其量我們只能說，在形式上中共思想承襲了一些傳統儒家的道德，至於儒家道德的實質面，是否對中共思想有影響，則大可懷疑。不錯，金觀濤曾指出《論共產黨員的修養》裡曾肯定「公私之辨」和「慎獨」這些來自儒家修養論的觀念。但是，所謂公私之分，仔細分析之下，仍是屬於形式的道德，因為公可以指人類社會或國家，也可以指黨或黨的領導人物。中共強調公私之辨，但並未對公加以定義，因此我們無法知道公的實質定義是否與傳統儒家相同。至於「慎獨」這一類的觀念，屬於儒家工夫論。在儒家道德思想中主要是具有工具性的意義。所以就儒家道德的實質面而言，中共的承襲只限於工具層次的觀念。不論承襲是在形式面還是在工具層次，這種有限的承襲是不足以言馬克思主義的儒家化。

嚴格言之，從毛澤東思想的全面發展去看，不但馬克思主義儒家化這個論旨不能成立，就是毛澤東思想的倫理中心主義也不能成立。因為毛始終接受列寧的一個基本觀念，那就是道德是政治的工具。列寧在一九二〇年蘇維埃全國青年代表大會上發表演說，強調共產主義的倫理觀是：一、否定所有的傳統道德；二、道德必須以無產階級鬥爭為綱，為準則。而從事無產階級鬥爭是需要黨員求團結，講紀律。毛繼承了列寧這個無產階級鬥爭為綱的思想，終身奉為指導原則。他是從這個觀點發現：儒家的修養論和工夫論裡面有些觀念可以有助於共產黨的團結和紀律，實際上，從這個觀點，毛不但採用了儒家修養論的一些觀念，它也吸收了中國傳統中一些其他的思想，如黃老與縱橫家乃至中國民間小說裡所含藏的有助於鬥爭的權謀詐術。因此，毛澤東是在以階級鬥爭為綱的前提上，從功利的角度，去採用儒家的修養論。這是一種道德政治化的思想形態，與儒家的政治道德化，適成對比。如果儒家可以稱之為倫理中心主義，中共的馬克思主義則無法以此涵蓋，我們只能稱它的道德觀念為政治本位或「政治掛帥」。金觀濤指出儒家對毛澤東思想有影響是正確的，但是稱這個影響為「馬克思主義儒家化」則是言過其實的。

總而言之，過分強調傳統在現代文化的斷層固然是錯誤的，過分強調傳統在現代文化的延續性也同樣是錯誤的。重要的是：斷層與延續，脫節與承襲，不是有此無彼，互相排斥的文化現象，而常常是多少並存的。至於二者並存的比重，則因不同的人，不同的流派，不同的時代而有歧異。因此，我們今天談中國知識分子與傳統的關係，必須落實在具體的脈絡去分析，因為只有這樣才能認識問題的錯綜性，而兼顧傳統在現代文化中的延續與脫節。

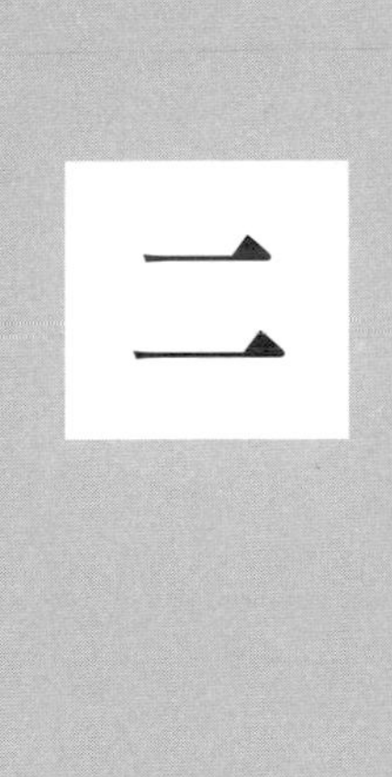
二

一條沒有走完的路

——為紀念先師殷海光先生逝世兩週年而作

一九六九年暑假我回台灣探視母親的病，因此又見到了闊別十年的殷先生。我在台灣待了兩個多月，沒有想到這兩個多月也正是殷先生生命旅程上最後的一段日子。

我們回到台灣是六月下旬，其時殷先生的癌病已復發，住在台大醫院的病房裡，那晚我們第一次去醫院看他時，他不在房間裡，護士說他和一位學生去外面散步了，我們在病房外的走廊上等了許久，他才回來。相見之下，我發現他除了兩鬢已全白之外，外貌極少變化，久病的臉龐似乎瘦些，但細小的眼睛仍然透出炯炯的神光。那晚他顯得特別興奮，斜倚在病床上，不停地說話，說話也仍然和往常一樣，極少寒暄客套，幾乎一開始便單刀直入地談問題，滔滔不絕地，談他對我們這一時代的看法，說他對這時代的大變動的種種感慨。說話時那種激動和興奮，顯示著：十年來政治上的迫害，社會上的冷漠和誣蔑，長年的衰病和死亡的威脅，沒有絲毫冷卻他那特有的理想主義精神。

這份理想主義精神也許是殷先生一生最好的寫照。他的理想主義當然包含有極強烈的反抗精神，我想任何與殷先生稍有接觸的人都會感覺到他那份與現實、與世俗不妥協的勁兒。他是一個叛徒，甚至他自己也承認。但這叛徒的思想並不足以代表殷先生的精神底質。因為時下的社會，見之於報章雜誌，見之於友朋交談，叛徒式的語言和想法並不少，可是這種反抗的態度多半出於消極的嘲世，在某些圈子裡甚至變為一種時髦。而殷先生對社會的反抗和與環境的扭執，與其說是他性格的特點，毋寧看作他理想主義精神的反映。因此，他叛徒式的思想不是謾罵的，而是嚴肅的；不是消極的，而是積極的；不是浮面的，而是從靈魂深處燃燒出來的。

有人也許會覺得，「理想主義」加在殷先生身上，似嫌太空泛。不錯，在他成年後生命的每個段落裡，他總在追求某一特定的理想。例如，在他生命最後的二十年中，他一直信奉自由主義。因此，或許有人會認為與其稱他是理想主義者，不如稱他為自由主義者來得具體。但問題是，縱覽殷先生的一生，我們會發覺，他所抱持的理想並不是一成不變的。時代在變，他的思想和信仰也在變。他早年曾經是一個狂熱的民族主義信徒，他的後半生卻自稱是一個世界主義者。他青年時期曾經熱烈地信奉國家主義，而來台灣後的二十年中，他變成一個反右傾的自由主義鬥士。他的大半生信仰西化，反對傳統。但在他去世前的幾年裡，似有漸漸承認傳統價值的傾向。而真正貫串他一生，始終不變的卻是他那不甘受現實牢籠而永遠矚望著未來的心靈。這種心靈使他不停地向前「摸索」，不斷地「焦慮的思索」。他曾說：

「我恰好成長在中國的大動亂時代，在這個大動亂的時代，中國的文化傳統被連根的搖撼著，而外來的觀念與思想又像狂風暴雨般的沖激而來。這個時代的知識分子感受到種種思想學術的影響，有社會主義，有自由主義，有民主政治，也有傳統思想的背逆反應。每一種大的思想氣流都形成各種不同的漩渦，使得置身其中的知識分子目眩神搖，無所適從。在這樣的顛簸之中，每一個追求思想出路的人，陷身於希望與失望，吶喊與徬徨，悲觀與樂觀，嘗試與獨斷之中。我個人正是在這樣一個大浪潮中間試著摸索自己道路前進的人……三十年來，我有時感到我有無數的同伴，但有時卻又孤苦地彳亍獨行，我有時覺得我把握著了什麼，可是不久又覺得一切都成曇花泡影。然而無論怎樣，有這麼多不同的刺激，吹襲而來，有這麼多的問題，逼著我反應並求解答，使我不能不思索，並且焦慮的思索。」（見陳鼓應編，《春蠶吐絲》）

這「摸索」和「焦慮的思索」充分道出了他那理想主義精神。在這方面，殷先生仍是一個典型的中國早期知識分子。他們的心靈仍屬於戊戌或者五四時代。在去世前不久他自己曾有過這樣的自白：「我是五四後期的人物，正像許多後期的人物一樣，沒有機會享受到五四時代人物的聲華，但卻遭受著寂寞，淒涼和橫逆。」（見《春蠶吐絲》）

在年代上，沒有疑問地，殷先生是屬於五四後的一個時代。但在精神上，五四的子輩和五四那一代沒有多少差別。在三〇和四〇年代成長的中國知識分子多半仍然承襲著五四時代那份「狂飆精神」和浪漫情懷。但不幸的是，到了五〇和六〇年代，中國的思想的氣氛已完全改變。到處瀰漫的是濃厚的物質主義氣息和機械的心靈，知識分子所表現的是一片失落、迷惘和冷漠。我們這一代在這一氛圍中成長，已有久趨麻木之勢。最不幸的是殷先生那一代，承襲著五四以來的理想主義，內心的要求無可避免地和外界產生扭執和矛盾，因而造成無比的心靈痛苦。無怪乎他要埋怨這時代的「寂寞、淒涼和橫逆」。

然而，「寂寞，淒涼和橫逆」沒有使他趨於消極，也未使他流於嘲世。他仍然勇敢地、不懈地摸索，掙扎和「焦慮地思索」。他思想的道路也許有令人不同意的地方，但至少他已把他那股特有的理想主義的氣息，散發在他的周遭，使我們這失落而消沉的一代，還能稍稍感覺到中國早期知識分子為理想奮鬥的那份苦志和豪情。二十年來，在台灣這個角落裡，殷先生幾乎是溝通五四和我們這一代唯一的精神橋梁。

我們去醫院看他不久之後，殷先生的病勢日益沉重。醫院既束手無策，便讓他回家休養。知道他在這世界上的日子是極有限了，我常常到他溫州街的寓所去看他。走在他院中通向客廳的那條小徑上，觸目都是十年前熟悉的景物：那屋角的魚池、池旁的石磴，還有那倚牆而搭，藤葉攀繞的棚架。當年在這池旁架下，曾飄過我們多少笑聲豪語。如今在滿園蔓草的環繞下，似顯得異樣的荒寂。

每次去看他，他多半一個人斜躺在他書齋靠窗的沙發上，似在閉目沉思，間或精神可以支持時，便睜開眼睛和我聊天，在和他若斷若續的談話中，我漸漸看出他十年來思想上的一些變化。這些變化，在他死前的幾年所作的文字和書信中，已有相當的流露，但那兩個多月的床前對話，使我更清楚地看出其間轉折的痕跡。

這痕跡可以從幾方面看出：首先，是他對中國傳統的重新估價。前面說過，殷先生自認是五四後期的人物，在精神上他承襲了五四的理想主義，在思想內容的大方向上，他也是以繼承五四自期。其中最明顯的一點，便是他對中國傳統文化幾乎全面的否定。但從他六五年開始寫〈中國文化的展望〉時，他對傳統重估的痕跡，已日趨顯明。

但他這一番改變並不是很單純的，需要從幾個層面去解釋。首先，他之改變代表他在認知上開始意識到「傳統」這一因素的重要性。多少年來，殷先生一直關心著中國近代化的問題。這一方向的思索使他漸漸認識：不論個人對傳統的喜惡，傳統是對近代化過程有重要影響的客觀因素。這個客觀因素，如冷靜地加以分析，是不難發現其內容的複雜性。正因如此，傳統對中國近代化發展的影響也是繁複多端的。因之，其價值也非能像五四以來許多中國知識分子那樣武斷地將之一筆勾消。順著這一思路，殷先生在認知上不得不逐漸「正視」傳統。

從另一方面去看，殷先生對傳統的重估也帶有相當情感的成分。在他和我的通信中，和一九六九年夏天病榻前的交談時，他的思緒常常回到過去：抗戰時昆明的西南聯大，重慶的嘉陵江畔，戰前北平的清華園，兒時的鄉居生活……。透過這些回憶，舊中國的優美、寧靜、誠樸和浪漫的氣氛，時時縈迴在他的腦際。這些回憶和聯想使他不知不覺地對傳統，對古老的中國增加一些溫馨的感覺。

再者，殷先生對中國傳統的重估，不僅反映認知上或情感上的變化。在基本價值上，他對傳統的態度也有些改變。這些改變，據我的了解，大部分是來自一種「近代化的迷惘」。毫無疑問，殷先生許多年來的言論主題是歌頌西方近代文明，強調學習西方文化的重要性。但另一方面，在他給我們的信札中，也時常流露出他對近代化所衍生的種種問題之困惑與不滿。他深知一個現代的社會是必須建築在高度的工業技術和經濟組織上，但當他見到工業社會所呈現的精神空虛，道德墮落，他又深致感慨。

他也知道一個現代化的人格必須講求效率和進步，但由此而造成的機械式的心靈和乾枯的情感，他又深表厭惡。這種「近代化的迷惘」，在殷先生近年來的思想裡，日趨強烈。由此，很自然地，他漸漸想到，傳統信仰中，或許有些生命的智慧和價值，可以平衡現代文明中的一些精神偏枯和文化缺陷。很顯然的，由對近代化的迷惘，殷先生逐漸開始對傳統作重新估價。

但殷先生這方面的想法或感覺，多半是朦朧的，而非清晰的，多半是片斷的，而非系統的。他對近代化有時感到迷惘，並不代表他反對近代化，更不代表他完全投入傳統的懷抱。至少，就我個人的印象，在他逝世以前，他迄未對中國文化在價值上作一強烈而明白的肯定。易言之，他對中國傳統文化的重估，認知和情感的意義較強，而價值上的肯定較弱、較模糊。

除開對中國傳統文化重新估價外，殷先生之另一顯著的思想變化是他對價值問題的重視。十年前在台灣跟殷先生唸書的時候，他久已對現代社會科學發生極濃厚的興趣，但在基本的治學方法上，仍嚴守邏輯實證論的門庭。對於凡是在經驗上不能驗證的問題，均認為是無意義的，因之也是無法討論的。在這種基本態度下，價值問題是被認為在經驗上無法驗證其真假對錯的，既然如此，自然被屏諸於不討不論之列。

邏輯實證論這些知識論上的基本設準，隱含著一些對人行為的根本設想：人是「理性」的動物，人的行為主要受治於他的「大腦」。更具體言之，決定人的行為的最重要因素乃是知識——科學的經驗知識。因此要想解決人類的問題，不論是社會的或個人的，都得從知識下手。知識廣被以後，人類所面臨的各種困難和問題都會隨之消解。這是西方近代主知主義傳統對人的一些根本看法，為邏輯實證論有意無意地假定著，也多多少少地支配著殷先生長期以來對「人」的了解。

但近十年來，殷先生已漸漸捨棄這主知主義對「人」的過於簡單的看法。這一變化，究其原因，當然和時代的刺激和生活的體驗有關。生長在近代的中國，眼見思想上的洪流巨浪，掀天動地，誰能不注意到：理性和知識的力量是多麼脆弱和微小？一個不斷奮進的心靈，豈能不認識：有意義的生命是需要多少理想和價值去支持？但使殷先生走出邏輯實證論樊籠的直接原因卻是他十年來接觸西方社會科學的一些重要理論演變。我們知道，近三十年來，西方的社會科學，主要在韋伯（Max Weber）和帕深思（Talcot Parsons）等人的影響之下，在理論上所作最大的創進之一是承認：主觀的意義和價值乃是對人的行為有決定性的因素。由於「主觀意義」的投射，人有價值，有目的；從而追求價值和目的。於是，人不僅是「理性的動物」，更是具有價值感和追求目的的動物。

由於這一思路的影響，殷先生開始正視人的思想和行為的複雜性。他開始承認人的思想，除了認知層面，尚有各種非認知層面；用他自己的話說：人不獨有「大腦的要求」，還有「心靈的要求」。這兩者是全然不同的：「心靈是價值的主司，是感情的泉源，是信仰的動力，是人類融為一體的基礎。」既然承認人的思想有心靈的層面，於是殷先生開始談價值，談信仰，談道德理想，談生命智慧，甚至更進而談他向所避而不談的存在主義哲學了。

這些思想上的發展，就殷先生的思想而言，毫無疑問地，代表一大轉向，一大解放。這一轉向和解放，並不能全然看作外來思想的影響所造成。就深一層的意義而論，也可解釋為一種內在的自然演變。更具體言之，他晚年思想的轉向，與其看為外加的突變，毋寧說是他生命的主流，經過多年的衝迴激盪，終於湧入他的思想層面，導引他進入一新的思想境界。

如前所說，殷先生一生的生命基調是他的理想主義精神，這種精神是高度的價值意識、道德勇氣，和生命熱情所揉匯而成的。在政治和社會態度上，這基調表現為強烈的責任感和正義感；在生命上它反映為真摯的情感和他那份脫俗的生活情調。但多少年來，在殷先生的生命基調和思想主流之間，卻存有一不可解釋的歧異和矛盾。他有一顆詩人的心靈，但這心靈卻以純知識的追求為企向。他的內心深處蘊藏著強烈的價值意識，但在思想上卻堅守英美式的主知主義傳統。他的精神傾向是尼采式的生命哲學，他的治學方向卻朝著維也納的解析學派。在他逝世的前幾年中，這歧異似在縮短，矛盾似在消淡，他生命的基調和思想的主流終於漸趨匯合。

這個匯合使他的思想視野擴及到一些新的領域和境界。他自己也深切地意識到這是他思想上一個大轉捩點，他的內心受到極大的鼓舞。在他死前發出的最後一封信中，（致徐復觀先生信）他說：「『山窮水盡疑無路，柳暗花明又一村。』就現實情況看來，今日若干知識分子的處境，似乎是天小地狹，但是就開闢觀念和知識的新天新地而言，則是無限無窮。」是這份精神的鼓舞在支持他和癌魔苦鬥，與死神頑拒。

隨著思想上的轉向，殷先生的生活態度也有著改變。躺在病榻上，他常常和我談起，處於今天這種時代，一個真誠的知識分子是需要一種「隔離的智慧」和「超越的心靈」。隔離和超越並不代表退卻或萎縮。在死亡陰影的籠罩下，他絲毫沒有減退對生命和理想的熱情，他並不認為一個知識分子應該遺世獨立，離群索居。但三十年的生活體驗告訴他：要想在生命上奮進，思想上開拓，必須與社會保持相當的隔離，對當前的環境作心靈的超越。因為只有這樣才能冷靜地認清自己和自己的時代，才能把握自己的目標，看清自己的道路，才能培養走向目標，完成理想所需要的工作能力。回視他一生的奮鬥，他說這話時，是有著無限的感慨。

然而，正當他思想轉過一個山峰，生命進入一個新的境域時，殷先生倒下了。在他死前不久的一個無月的夜晚，他對我說：「我不能就此離開，我的道路剛剛開始。」

三民主義的蛻變

——由政治宗教走向改良主義

四十年來在台灣，國家的環境在變，國民黨在變，國民黨所信奉的三民主義也在變：它由政治宗教漸漸變成政治改良主義。這是一個意義極為重大的思想蛻變。際此國民黨第十三屆全代會行將召開，黨內外政局經歷空前鉅變之時，無論是國民黨本身，或是黨外關心國家前途的人士，對此思想蛻變的背景、轉折和展望都應有認清和反思的必要。

三民主義孕育於中國近代思想的轉型時代（一八九五—一九二一），而定型於本世紀的二〇年代初期。在其孕育的時期，三民主義的倡導人——孫中山的主要政治理想是推翻滿清帝制，建立共和政體。就那個時代的思想脈絡而論，這種政治理想毫無疑問是屬於革命型的。但是到了二〇年代初期，孫中山所領導的國民黨雖然繼續維持革命的形象，三民主義的觀念內容，以當時的思想尺度而論，則不能視為革命的意識形態。和同時代的其他思想潮流如共產主義、無政府主義等相比較，三民主義大體上代表一種漸進的改革思想。我們可以從三方面來說明三民主義這種思想傾向。

首先，國民黨當時所謂的「革命」，主要是指根據民族主義的立場，用武力打破政治現狀的主張。必須注意的是：當時的政治現狀是軍閥的割據。不用武力掃除這種割據，國且不國，遑論其他！因此，以武力打破現狀，實現國家統一是中國政治革新的起碼條件，不足以代表一個革命激進的政治路線。

其次，孫中山的「民權」思想。也是反映漸進改革的心態。儘管他本人對民主的觀念有時過於理想化，以致贊成所謂的「直接民主」，而反對代議政體。但就其思想的大方向而言，他對民主憲政是採取肯定的態度，而對於實現的方式，則是主張分期漸進。這和當時左派革命陣線反對「資產階級民主」，侈言「無產階級平民政治」是不可相提並論的。

再者，溫和的改革路線也是民生主義的思想重心。不錯，孫中山在當時是常常談社會革命。尤其在聯俄容共時期，他曾發表過「民生主義就是社會主義，又名共產主義」那樣極端的言論。但是，細繹他的民生主義思想，我們不難發現：他所謂的「社會革命」不過是實現「平均地權」和「節制資本」兩個基本主張。因此，他的民生主義，究其實，仍是以溫和的社會經濟改革方案為主要內容，與當時共產黨所強調的「社會革命」是迥異其趣的。

總之，三民主義的立場在當時一方面是以武力打破政治現狀，因此是與守舊反動的軍閥勢力相對抗；另一方面是主張漸進的政治社會革新，因此是與激進的革命路線有所不同，這顯然是一種傾向於改良主義的中間路線。

但是，三民主義這個思想傾向，卻在當時的一股時代潮流衝擊和影響下，變得湮沒不彰。這股時代潮流就是二〇年代風起雲湧的政治宗教。

所謂政治宗教是指環繞一種政治信仰而展開的狂熱運動。這種政治信仰通常是由一位先知型的政治領袖所倡導，從而掀起一個帶有宗教狂熱的群眾運動。因此政治宗教含有三個基本要素：領袖、信仰和群眾。其中以信仰這項要素最具關鍵性。因為領袖之所以能有先知的形象和號召，與群眾之所以能發出宗教的狂熱，都是由於政治信仰能扣合時代精神和群眾心理的需要，而激發熱情，鼓舞精神。

這種政治宗教的信仰在當時出現是有其時代背景的。二〇和三〇年代正是政治宗教浪捲西方世界的時代，其主要潮流如左派的馬列主義和右派的法西斯主義都曾對當時的中國發生過很大的影響。但更重要的因素是國內的思想氣氛和時代心理的演變。前面提到，三民主義定型於二〇年代，那時正值中國經過戊戌到五四一連串的思想鉅變之後，傳統文化的主導信仰和價值解體，用蔣夢麟先生形容當時的一句話：「問題符號滿天飛」。一般人，尤其是知識分子，在精神上感到特別的空虛，思想上特別的混亂。

而同時，時代的政治危機所引發的動亂和苦難也紛至沓來。首先是外強的侵略和軍閥的割據；國家的危亡和民族的恥辱因此籠罩著每個人的心靈。此外，連年的戰爭和災禍給中國人的生命帶來了無數的動盪、苦難與焦灼。總之，在政治與文化兩種危機交相煎迫之下，一種急切的兩極心態於焉出現：一方面是對現狀的不滿，視現狀充滿了黑暗與死亡；另一方面是對未來的渴望，視未來孕育著光明與新生。流行一時的三〇年代文學就充分反映這種兩極心態。而政治宗教的魅力就在於它能透過先知的形象，革命的號召和烏托邦的遠景，滿足這種兩極心態的需要。

從二〇年代開始，政治宗教在中國整整風靡了三、四十年。三民主義在這個時期定型與成長，自然受到這時代潮流的影響，使它的改良主義的底質蒙上了一層濃厚的政治宗教色彩。在一個政治宗教籠罩人心的時代，這種色彩曾經為三民主義贏得相當的群眾號召力。但同時它的思想也因此有宗教教條的絕對化、僵固化與封閉化的趨勢。更重要的是：以政治宗教的尺度來衡量，三民主義是無法和共產主義競爭的。它沒有共產主義那樣體系完整，號稱科學的思想教條。更沒有共產主義那樣鮮明而誘人的烏托邦思想；那樣極端而響亮的社會革命的口號；那樣強烈的歷史潮流感和使命感。就這些條件而言，共產主義是一個貨真價實的政治宗教，而三民主義，由於它的改良主義的底質，只能算是一個虎皮羊質，鬆散無力的政治宗教。難怪在一個政治宗教風行的時代，三民主義會在思想鬥爭上敗在共產主義手下。

可是歷史是詭譎多變的。三民主義在大陸上的失敗也正是它在台灣蛻變的契機。不錯，在台灣四十年來，國民黨的政治宗教色彩並未完全消失。「革命的政黨」、「革命的主義」這些字眼仍然時時出現在國民黨的宣傳媒介裡，但是骨子裡政治宗教的心態漸漸消退了，而它久蟄的改良主義傾向也漸漸抬頭了。這使得三民主義由一個封閉式的革命教條系統慢慢轉化為一個開放的改革思想系統。所謂開放的思想系統是指三民主義的基本綱領以民有民治民享這些理想為中心，變成取擇方向，富有彈性的指導原則，而不被奉為牢不可變，盲目信仰的對象。以這樣一個開放性的意識形態為基礎，黨的思想路線，可以吸收新的理念，呼應外界的變化，在政策上隨時作靈活的調節。國民黨政府遷台以後之能在經濟政策上作大幅度的轉變以及近年來走上民主化的道路，都是三民主義由一個封閉的政治宗教蛻變成開放的改良主義的明證。

這個思想的蛻變，今後國民黨應該自覺地加強和推展，洗除殘餘的政治宗教心態，使三民主義本有的改良主義傾向徹底地彰顯出來，變成其主導精神。我們的理由有二：首先，就台灣內部的情勢而言，這種蛻變的加強是必須的。今天民主化已經開始，國民黨已由專政的革命政黨變為一個民主的政黨。國民黨若保留政治宗教的殘餘革命意識，自視三民主義為絕對性的「革命的主義」，則將無法配合今後政黨政治的需要，從而構成民主化的障礙。同時，在民主化的潮流之下，國民黨政權的維持，將日益取決於選民的擁護。為國民黨本身計，它今後更加需要一個富彈性的改革思想路線，隨時因應環境的需要，採取符合民情輿論的措施，與反對黨在選舉上爭取勝利。

其次，放眼整個中國，由政治宗教轉向改良主義也是我們這個時代潮流之所趨。國民黨今天以三民主義為號召，對時代必須有一個基本的認識，那就是政治宗教的狂熱時代已經過去了。不但在台灣是如此，在大陸也是如此。中共政權是靠政治宗教起家的。但是，四十年來中共的統治，尤其是文革十年的浩劫，充分證明了政治宗教的極端性、僵固性與破壞性。因此，今天中國的時代心理是對政治宗教與其附麗的革命意識，感到厭倦、恐懼與憎恨。中共政權在文革以後所進行的改革路線，也是鑒於政治宗教的破產而想有所補救。但是十年來，改革路線之搖擺不定，趑趄不前，而且迄今局限於經濟領域，足證在馬列主義這個政治宗教的思想框子裡，改良主義是很難進行深化推展的。因此今日國民黨必須掌握這個時代思想和心理的趨向，彰顯三民主義的改革思想傾向，則不僅在台灣內部可以順應民主化的潮流，而且對大陸的中共政權也可以產生一個不可抗拒的思想示範作用。

今天國民黨是站在一個歷史的轉捩點上，它的思想工作自是千頭萬緒，但是我們認為當務之急首在思想上認清自己過去的發展和未來的趨向。只有經過一番徹底的自我再認識和反省，國民黨才能面對當前的艱鉅和時代的挑戰，作正確的抉擇。

是契機，也是危機

——論今日從事民主運動應有的認識

過去的一年（一九八七），中華民國的政治有著突破性的發展。先是國民政府宣布廢除戒嚴，並作開放黨禁的準備；接著黨外人士成立「民主進步黨」正式參加去冬的選舉。以台灣的經濟繁榮，教育普及，以及中產階級社會的日益鞏固，這一連串的發展，毫無疑問給台灣的民主化帶來了一個新的契機。海內外關心民主前途的國人，對這個新契機的到來，莫不歡欣鼓舞，而寄以殷切的希望。同時，中華民國在國際間也予人以耳目一新的形象，贏得普遍的讚譽。

但是，自春天以來，這一民主化的趨勢時有脫軌的現象發生。因民進黨的群眾路線所造成的街頭衝突，時有所聞，尤其是「六．一二」的流血事件，使人開始擔憂這個政治的契機也可能變成一種危機。

為了避免危機的繼續滋長，我個人認為：今天從事民主運動的人士應該有幾點基本認識：

一、民主化不宜急於速成

目前民主化既已開始，大家最需要的是一份耐心，一份「欲速則不達」的認識。

因為民主化的完成不是一蹴可幾的。對於這份認識，世界的歷史經驗到今天還未出現過一個反證。

不錯，今天的台灣是具有一些有利於民主發展的客觀條件，但是民主不只是客觀制度典章的設立，它也是一種「生活方式」，一種由文化傳統長期培養出的思想和行為的習慣，如守法精神，如對於問題的爭執，願意接受折衷斡旋，互相妥協和容忍的心態等。西方社會科學家所謂的「政治文化」主要也是指此。重要的是：這些民主的「文化」條件，正是一般中國人所最缺乏的。只有在民主化的過程中去慢慢學習和培養。

再者，從推動民主化的觀點去看，兩個主要政黨也還沒有充分的準備。國民黨幾十年來，一直自認是一個革命的政黨；黨的組織和運作都是以集權領導為原則。變成一個民主開放的政黨，國民黨必須一段時間作內部的轉化和調節。另一方面，民進黨誕生伊始，組織鬆散，內部意見且存有嚴重的分歧，試問這樣一個政黨，不經過一番內部的協調和整合，如何能充分發揮在野黨監督政府的功能？更何能以他日接管政權，領導國家的重任自許？

總之，我們今後寧願看見民主化緩慢而穩健地不斷前進，而不願見它因急於速成，而冒觸礁擱淺之險！

二、議會路線是今天民主化的正途

自從去秋成立以來，民進黨的基本政治策略有二：議會路線和群眾路線。民進黨的議會路線，在過去半年，進行得有聲有色。首先，民進黨在去冬的選舉中，以一個甫告成立的新黨，居然獲得百分之二十以上的選票。選舉以後，民進黨於短短的數月裡，在國會中以絕對的少數，卻能發揮極大的影響，引起朝野的震盪。以這種表現，民進黨在今後的議會裡實大有可為。其議會路線之成功，可以預期。

民進黨之所以要在議會以外採取街頭行動，想來是因為今日中央民意機關是受國民黨籍議員的壟斷，使得民進黨於短期內在議會裡不能充分發揮其力量。國民黨之壟斷議會是一不爭之事實。這種情形應該及早結束，自不待言。此處必須指出的是：國民黨之壟斷議會，發展到今天，已由封閉式的轉變為開放式的。易言之，在現存的體制內改造國會是有途可尋的。首先，增額中央民意代表選舉，業已實施有年；而執政黨政府已在作繼續擴大這種選舉的準備。同時，國民黨籍的民意代表大多已屆高齡，在不久的未來，勢必因自然的新陳代謝而為直接民選的代表所取代。因此，我們有理由相信，現存國會之變成完全開放，是指日可期的。

今天台灣的議會形勢與英國十九世紀的憲政發展頗有相似之處，值得在此指出，作為歷史的借鑒。如所周知，英國的憲政運動，在近世歐洲開始最早，十三世紀初年就有大憲章之簽訂。但是，英國的國民參政權，一直到十九世紀初葉仍然受到極大的限制，議會政治由於選舉制度之陳舊不臧，長期壟斷於少數貴族和鄉紳之手。據說，在一八二〇年左右，大多數的下議院議員是由不到五百位的貴族權豪所包辦。這種情形發展到一八三〇年代已造成嚴重的社會危機，主要因為此時英國工業革命已接近完成，帶來社會經濟結構之鉅變；英國社會因此出現大批生活在窮困中的城市群眾。這些群眾，在新興的工商階層的領導之下，對他們之缺乏選舉權與參政權深表不滿，一時群情鼎沸，危機四伏；據今日史家之研究，英國當日革命危機之深，有甚於當時歐洲任何其他國家。然而就在這個歷史關頭，英國朝野上下選擇了議會路線，於一八三二年開始進行國會改造。從今天的眼光看來，英國一八三二年的議會改革，成效甚微，因為，改革之後，英國的選民人數，由於選舉權受財產限制甚嚴，仍然只限於成年男子總人口的五分之一。但是這個改革把英國議會從以往封閉式的壟斷改變為開放性的壟斷。這是一個關鍵性的改變：因為壟斷一旦由封閉式變成開放式，則英國議會可以在其體制內進行改革，以廢除壟斷而走向完全開放。這果然是英國在一八三二年以後逐步完成的任務。

歷史證明：一八三二年英國人民作了明智的選擇。英國在十九世紀所作的議會改革，看似迂緩，卻是歐洲近代民主化最成功的道路。因為在歐洲大陸上，由法國大革命開其端，推行民主憲政主要是走的革命路線。然而這個路線往往成功於一時，卻釀成長期的動盪不安，治亂相尋，革命起伏，使民主制度久久不能生根滋長！今天台灣的人民，站在民主化的起點上，回視近代歐洲推行民主的經驗，應該接受歷史的教訓，知所取擇！

三、群眾路線有極大的危險性，應該盡可能避免

在一個成熟的民主社會，一個政黨發動街頭示威遊行，只要不越出法律軌道之外，原是正常現象，無可非議。再者，從在野黨的觀點，以群眾路線配合議會路線，可以加強對執政黨的壓力，以進行民主改革，也未嘗不無策略運用的價值。

但是衡諸過去半年多，台灣因遊行示威所造成的街頭衝突，尤其是六．一二流血事件，使我們深感：以今日台灣的社會環境，群眾路線是否可行，大有商榷的必要。

首先應該指出的是：台灣是一個初學步的民主社會，一般人民的政治認識的水平不高，參加街頭行動，很容易在群眾中，情緒激動，失去理性，發生越軌行為。加之民進黨的內部組織鬆散，對群眾運動，能放不能收，頗易導致暴民政治。同時，民進黨的街頭示威近來時常出現一些偏激的口號和行為，在群眾中更易掀起情緒，造成武鬥，益增加暴民政治的危險性。

暴民政治一旦形成，街頭流血武鬥事件，勢必大為增加。長此以往，將會煽起群眾的仇恨心理，助長政治上互走極端的趨勢。前面指出，民主的成長是很需要互相容忍和妥協的心態去培養。在暴民政治的趨勢之下，這種心態是無法滋生的。其對民主政治的斲傷，不言而喻。

更重要的是：暴民政治，在人民的心理上可以造成對民主極嚴重的危害。因為街頭衝突，擴大下去，可以破壞社會的安寧秩序，甚至間接影響經濟的穩定和成長，這些不良的後果，一旦廣泛地波及一般人民的生活，則人民對民主的信心將漸漸喪失，從而視民主與混亂為同義。這種心理上的侵蝕的危險性極大。因為它可以替反動勢力鋪路，造成軍人干政，以及其他形態的專制政治出現的可能。這種例子在西方的歷史以及今日的第三世界已是屢見不鮮。因此，今天從事民主運動絕不能忽視由街頭行動演為暴民政治的危險性。熱心群眾路線的人士，實宜三思而後行！

四、進行民主化，必須兼顧國家的其他基本需要

一個國家和一個人一樣，它的基本需要是多元而非一元的。一個人不可能只靠滿足一種需要而生存；同樣的，一個國家也不可能只靠滿足一種需要而存在。因此，一個國家，在任何時候，不能只顧一種需要而犧牲其他的需要。以今日台灣的國情而論，民主化固屬當務之急，但其他的基本需要，諸如經濟的繁榮、民生的福利和國家的內外安全，也不容忽視。

就以國家安全這個需要而論，西方的歷史經驗告訴我們：民主政治是在民族國家立基鞏固，內外安全問題大致解決以後，才逐漸發展成型的。但是近代非西方地區的國度，由於不同的歷史環境，常常不能有充分時間對這兩種需要作先後的解決，由此而陷入二者必須兼顧又無法兼顧的困境。中國自晚清以來就面臨這樣一個困境。一方

面是內亂外患，交相煎迫帶來重重的問題，國家需要一個強有力的中央集權政府去應付這重重問題所造成的危局。另一方面，民主思想散布，政治參與和分權的要求日增。在這兩股歷史潮流互相牴觸之下，結果往往是民主分權的要求受到犧牲。今天在台灣，歷史幸而發展到一個階段，客觀的社會經濟環境有利於民主的成長，但這並不意謂歷史的困境已經完全解除。誰也不能否認：今天在台灣，威脅國家內外安全的因素仍然存在。但是，因為這些威脅是長期性的，我們不能等待這些威脅完全解除之後再來實行民主。因此，今日廢除戒嚴，開始進行民主化，實是明智之舉。可是，在進行民主化的過程中，也不容忽視國家安全的需要。我們必須認識，國家的安全一旦受到破壞，民主化也必然受到挫阻。因此，目前推展民主必須與國家安全和社會的一些其他基本需要謀求配合，以期得到一個均衡的發展。

歷史提示我們：民主的成長是異常地艱困，尤其是在非西方地區。自本世紀初以來，從西方移植民主制度幾乎變成一股不可抗拒的歷史潮流，捲入這潮流的非西方國家，數以百計，然而，今天環顧世界，成功的例子卻是寥寥可數！因此，今日從事民主運動的人士們，應該特別珍惜當前的民主契機，認清國家的環境，接受歷史的教訓，以開闊的心胸、穩健的步伐，不但替台灣的社會開出一條民主的道路來，同時也替全中國樹立一個政治的楷模。

三

訪張灝教授談新儒家與自由主義的前途

（一九八二年夏）

林鎮國
周陽山　採訪
廖仁義

現代中國知識分子的飄零命運，並沒有減弱他們對中國文化思想的關懷，出國已久的張灝教授，在中國近代思想史的學術領域上，建立相當豐碩卓越的知識成就，而更可貴的是，他在學院城堡裡猶然湧動著對自己家國文化前途的熱情和關切。趁著張教授返國參加國際漢學會議的機會，我們趨訪張教授，談當代文化的困境與出路。

一、新儒家與信念的重建

問：自從您的〈新儒家與當代中國思想危機〉發表以來，引起了普遍的反應。由於您在自由主義的背景之下，從事此項問題的反省，更是耐人尋味。請問您是基於何種關懷來從事這個研究的？

張灝：這篇文章是一九七二年我應哈佛大學一個座談會之邀所提出的論文。這篇文章對我個人是深具意義的，除了代表我的一般學術性研究之外，也顯豁出我個人在思考中國出路上的一個關懷。因為，當代許多研究中國文化的外國學者，往往從現代化的角度來理解現代中國文化的演變，只著重於用「認同危機」、「現代化危機」等觀念來解釋中國文化，而忽略了中國近代思想演變中一個很重要的層面，那就是「意義的危機」。「意義危機」是宗教哲學上對生命究竟意義的探討，基本上，我們必須由這個宗教哲學的角度來了解當代新儒家的性格。

「認同」的觀念是相當浮泛的。狹義而言，美國學者李文蓀（J. Levenson）所說的「認同」與「現代化」的觀念是一車的兩轍，廣義而言，艾瑞克森（Eric Erikson）指的「認同」是心理學上人格發展中的「認同」。李文蓀的「認同」與「現代化」的觀念是不足以解釋中國近代思想演變的，這是一種方法學上「心理化約主義」的濫用。把新儒家的興起化約為中國近代的挫折所產生的情結（Complex），這是把問題想得太簡單。

不可否認，由於近代中國屢遭挫折，固然會有情結。但是不能因此就用這個情結來全面性地解釋儒家與中國文化。滿清以來，中國知識分子致力於尋求民族富強的途徑，有些層面是可以用「民族主義」、「現代化」與「文化認同」來解釋的，但有些層面卻必須有其他的解釋。我這篇文章就是試圖由「意義的追求」的角度來剖析新儒家的宗教道德性格。

問：當代新儒家在哲學上對德意志觀念論有所偏愛，是否新儒家也會契合於德意志觀念論所衍生的政治意識形態？並且就您的文章所說的「精神迷失」而言，新儒家具有何種的現代意義？

張灝：一九三〇年代德國走上納粹國家主義，而在一九四五年以後德國以及整個歐洲的一些知識分子的反省認為，這個時代浩劫的根源是德國觀念論。創此說者大有人在，最出名的是著有《開放社會及其敵人》一書的波柏（Karl Popper）。其實，德意志觀念論和納粹國家主義的關係是極其複雜的，把德意志觀念論化約為納粹國家主義的前身，是一種誤解。因為德意志觀念論不一定會產生意識形態上的極權主義，同樣的，新儒家在哲學觀念上有與德國觀念論相通之處，並不意謂著它一定會產生那一種政治意識形態。

黑格爾以後的德意志觀念論認為人的理性可以認識事物的本質，但是一切存在的現象都是虛幻的，因而理性必須超越現成的現象，基本上這是一種富有批判精神的理性觀念。所以，德意志觀念論可以產生相當強烈的文化批判精神，甚至政治批判精神，它未必會妥協於極權主義的現狀。基於此，我認為倘若把儒家思想當作是專制帝王的御用哲學，這是不正確的；這涉及了中國思想中道統與政統的問題，換言之，我們要問，中國歷史上有沒有獨立於政統的道統，以及儒家具有什麼樣的批判精神。

從「精神迷失」來說新儒家的現代意義，這是一個宗教哲學的問題。我認為未來的文化之中，宗教扮演一個很重要的角色，一個社會不能沒有信念，我想在未來「信念的重建」之中，儒家必須負一個很大的責任。但是，這個「信念的重建」必須從世界文化的視野下來反省。

二、從方法論的反省到政治文化

問：您對西方學者研究中國所使用的方法論多所指謫。請問您對墨子刻（Thomas Metzger）所寫的《困境的逃避》（*Escape from Predicament*）一書的分析有什麼看法？

張灝：《困境的逃避》是一本富有刺激性的書，裡面有不少精闢獨到的見解，但是也不乏有待商榷之處。尤其他對新儒家的觀點，有些地方我不贊成，甚至針鋒相對。然而，這本書最大的貢獻在於他向韋伯（Max Weber）對中國儒家的解釋提出正面的攻擊。雖然這二十年來已經有人察覺韋伯對儒家的解釋是有缺失的，但是墨子刻是將問題顯豁出來並且提出批判的第一人。

由於韋伯對儒家的剖析影響了西方漢學界的陣營，尤其影響用現代化觀念來解釋中國文化的理論家，換言之，反省現代化的觀念必須溯源到韋伯的解釋。韋伯是個才氣橫溢的學者，他研究古代希伯來教、近代的基督新教與印度的婆羅門教，試圖從一個全面的世界性角度給儒家做定位。目前討論現代化的人往往由實證論的立足點來理解韋伯，其實韋伯受德意志觀念論的影響頗深，他強調社會學研究中對人作詮譯性「了解」（Verstehen）的重要，所以現代化理論家對韋伯的認識也是粗淺的。既然韋伯對西方理論家有這麼深的影響，所以墨子刻對他的批評是應該重視的。

我用孔恩（Thomas Kuhn）的觀念來講。墨子刻對韋伯的「典範」（Paradigm）的批評是正確的，但是他提出一套用來取代韋伯的「典範」卻有錯誤。若要取代韋伯的解釋，他必須對宋明儒學有更正確的了解，但是他書中對宋明儒學成聖成賢之教的解釋，我是不贊成的。

問：墨子刻一書的小標題是「新儒家與演進中的中國政治文化」。請問您對於「政治文化」的觀念有何看法？

張灝：西方政治學者對於「政治文化」（Political Culture）的觀念用得相當浮泛。而墨子刻對這一點也有所批判。西方一些學者用這些相當浮泛的「政治文化」的觀念來研究中國文化，例如用「家長制度」來解釋中國文化中有「權威性人格」的成分。實際上，「政治文化」就是探討文化中對政治有影響的思想觀念和價值因素。因此，研究中國的政治文化就是要探討中國文化的世界觀和價值觀對政治有影響的部分。職此之故，討論中國的政治文化不能不了解中國思想中對政治有影響的思想模式和價值取向，但是一些政治學者以為思想模式和價值取向是玄虛空談，只從家庭結構和社會制度的角度來解釋中國人的行為方式，這是不夠的。我認為儒家「心性之學」是一套世界觀，它仍然可以影響中國人的行為方式。在這一點上，我是同意墨子刻的。

所以，今天我們要談政治文化，首先必須將政治文化列舉出來。文化本身是個有機體（Organism），各種因素之間是相互影響的。文化的價值因素之中有的是基本價值，有的是邊緣價值。基本價值仍然約束著邊緣價值，高階層的世界觀仍然影響著低階層的行為方式。高階層的世界觀並不是一個玄虛的觀念，因此，我認為一些實證論的社會學家、政治學家所談的政治文化是有待商榷的；談政治文化不能把觀念層面與制度層面截然二分。墨子刻對他們也是抱此批判態度的。

三、新儒家與自由主義在文化重建中的角色

問：作為一位思想史家，您認為自由主義與中國的知識傳統是否需要相互銜接？

張灝：我一向認為，思想史家和社會哲學家對於自由主義與中國傳統的關係之解釋是不相同的。思想史家探討的是自由主義在中國傳統中究竟有沒有根源，這是一個歷史事實的問題，而社會哲學家所探討的是如何使自由主義能在現代的中國生根，而且孳長挺拔，這一部分是一個社會工程（Social Engineering）的問題。

曾經有人認為，自由主義可以不要中國思想傳統，而純粹由西方搬來一套思想傳統。然而，西方有識之士已經由現代化所帶來的社會變遷看到了危機的端緒，換言之，歐美現代文化有極嚴重的問題。因此，我認為要解決現代化以後的文化問題，必須對現代化具有批判的精神，必須從世界各國文化的角度來反省。

基本上，我認為，由世界文化的整體角度來看，自由主義的思想傳統的建立，必須與中國文化銜接，而給中國文化賦予現代意義。在現代化之後，我們若要對現代化有批判的精神，不能完全依靠現代化背後那一套歐美文化的思想傳統，但也不能單憑我們自己的文化思想傳統，而必須對中國文化與世界文化的批判來建立我們的「知統」。

問：您說到，儒家在未來的文化重建中扮演一個很重要的角色，請問您對當代新儒家提出的「憂患意識」有何看法？

張灝：我認為，中國文化的確有「憂患意識」，而且這個觀念非常深刻。但是，在未來的文化重建中這個觀念是不夠充分的，是不夠落實的。

新儒家由人的道德主體性來肯定人的良知，但是單憑良知的觀念與「憂患意識」並不能完全有助於文化重建中的「民主化」與「自由化」。我認為除了「憂患意識」之外，還必須提出一種「幽暗意識」來了解人類意識的幽暗面。中國文化對人性幽暗面的透視是不夠的，這是極嚴重的危機，對民主自由的前途是相當阻礙的。在「幽暗意識」方面，中國文化必須向世界上其他文化學習，尤其向印度文化和基督教文化學習。因為，基督教文化和印度文化一開始對人性就採取負面的態度，如基督教的「原罪」和佛教的「無明」，認為人是不可靠的。

這個觀念在政治上是相當重要的。因為要建立自由主義，首要之務就是要建立一個可以限制權力的制度。而中國傳統有所謂的「聖王」觀念，所以這方面的認識非常薄弱。希臘時代的西方亦有類似聖王的觀念，認為只要是聖王，就應該給他無限的權力。而，基督教有個高明的看法，認為人只要是人，絕對不能給他無限的權力。人就應該當人看待，人永遠不能變成神，這一點中國文化是相當薄弱的。人一有了無限的權力，權力就會薰心；針對這一點，因此我提出「幽暗意識」。

在文化的重建中，要建立一個民主自由的制度來規範人的權力慾望，無論是自由主義或是新儒家都必須根本地認識到人類的「幽暗意識」。

訪張灝教授談幽暗意識與中國民主化運動的前途

（一九八二年夏）

楊白　採訪

夏季假期的台北，溽暑鬱熱，卻又蒸發著一股熱鬧而浮動的氣息。特別是知識文化界，由民間文化團體邀聚推動的學術討論與講演，透過強力的傳播媒介，一些飽學卓立的國內外學者將他們的理念思考與現實關懷結合了起來，形成對廣大群眾之思想作業的巨大刺激。

「一場知識性、思想性的講演，竟能吸引上千人的洶湧人潮，真是不可思議！目前台灣這種充滿興奮性的現象，是美國、香港等地區所不曾見的。」張灝教授表示了這趟返國的感受。接著他說：「到底這種現象是否正常，暫且不論，起碼透露一項訊息，台灣在轉型過程中，洋溢著渴求開放，追尋美好的生機。」

在俄亥俄州立大學任教的張灝教授，專攻思想史，在學界擁有令人敬重的成績與地位。一九七一年，哈佛大學出版其專著——《梁啟超與中國一八九〇—一九〇七年的思想轉折》（*Liang Ch'i-ch'ao and Intellectual Transition in China 1890-1907*）。其後發表〈新儒家與當代中國的思想危機〉英文論著，在一九七八年中譯刊出時，引起了國內學者的熱烈反應，尤其是當代新儒家，更藉此尋求自身在現代思想史上的定位。去年，張教授發表〈傳統與現代化——以傳統批判現代化，以現代化批判傳統〉一文，省察五四以來從「現代化」批判「傳統」的偏失不足，另外提出了以「傳統」批判「現代化」的思考方向。今年夏天，張教授又帶回來了一篇深具衝激性的力作——〈幽暗意識與民主傳統〉。

一、人性改造與客觀制度的選擇

八月二日早上，在內湖的張教授寓所開始了早先約好的訪談。張教授首先說明提出這篇研究的動機，他說：

第一，在中國傳統裡始終沒有開出民主制度。雖然新儒家經常標舉傳統儒家的抗議精神、批判意識、民本思想等，但是這些究竟只落在觀念層次，並沒有形成一套客觀制度。若不落實為客觀制度，這些思想必然缺乏持久性、有效性。這是基本的問題。而這問題正與幽暗意識有著密切的關係。

第二，從現代中國的歷史經驗來看，特別是自一九六六年以降，中國大陸發生了空前的大慘劇。在美國，每每遇到來自大陸的中國人，都可以聽到一段悲慘的故事。在這浩劫時期，多少人頭落地啊！我便在此時開始思考，為什麼會發生這種空前未有的歷史悲劇？思考的結論是，主要在於毛澤東瘋狂的理想主義。他認為，藉著不斷的人性改造，即可建立社會主義的社會秩序。經濟條件不夠，沒關係！只要改造人性，就可實現社會主義。毛在他的詩裡，就有這樣一句：「六億神州盡堯舜」。在這裡，顯然他對人性改造抱持過度樂觀的想法，而忽略了人性中的幽暗面。假如他能夠了解到人的有限性，也許這場浩劫會緩和多了。當然，不獨文革時期為禍最烈，整個中共政權都是如此。這得溯源於所引進的馬列主義。馬克思主義原是注重經濟上的生產與分配的問題，但是他們沒想到政治權力的不合理分配，所造成的災害並不亞於經濟上的不合理。尤其是列寧，提倡民主專政。這一套做法必然會由一黨專政進而造成個人獨裁，而所以會產生這般結果，乃緣於對權力的危險性沒有警覺，對人性的幽暗面缺乏認識。

大陸是如此，台灣亦有類似的情形。台灣有許多人對民主政治抱著幾近天真的樂觀態度，把民主政治看成烏托邦般的完美——當然，民主政治絕對重要，是中國的唯一前途——但是，若忽略了幽暗意識，不能真切地認識到人的有限性，則互相制衡的民主政治便不能落實下來。

這是我在這些年來的省思與體驗的一點想法，有待日後做進一步的補充整理。

說到這裡，張教授稍稍停頓，然後在他那專注炯亮的眼神下，以清晰有力的語調開始對正題的剖析說明。

二、什麼是「幽暗意識」

什麼是「幽暗意識」？他說，所謂幽暗意識是發出對人性中或宇宙中與始俱來的種種黑暗勢力的正視和省悟，因為這些黑暗勢力根深柢固，這個世界才有缺陷，才不能圓滿，而人的生命才有種種的醜惡，種種的遺憾。

這種對人生和宇宙中陰暗面的正視，並不代表價值上的認可。實際上，這種幽暗意識是以強烈的道德感為出發點的，惟其是從道德感出發，才能反映黑暗勢力之為「黑暗」，之為「缺陷」。因此，它和中外文化傳統中各種形形色色的現實主義，如中國的法家，西方思想家如馬基維利（Machiavelli）與霍布士（Thomas Hobbes）等人的學說，在精神上是迥異其趣的，同時它也和西方現代的功利主義和道德唯我論（ethica egoism）有著很大的不同。後者在價值上接受人的私慾和私利，而以此為前提去考慮個人與社會的問題，而幽暗意識卻在價值上肯定人的私利和私慾，然後在這個前提上求其防堵，求其疏導，求其化彌。因此，它對現實人生，現實社會常常含有批判的和反省的精神。

在許多古老文明裡，我們都可以或多或少地找到這種幽暗意識。比較而言，它在印度與西方文化中特別深厚。印度文化的基本精神是出世的，因此它的幽暗意識雖然深厚，卻未能對政治社會的發展有正面與積極的影響。而西方文化中的幽暗意識，卻經由入世精神的發展，對政治社會，尤其是自由主義的演進，曾有極重要的影響。

三、基督教人性論的兩項貢獻

西方傳統文化有兩個源頭，希臘羅馬的古典文明與古希伯來的宗教文明。其中的基督教與西方自由主義的形成和演進是有著牢不可分的關係，這在西方已為歐美現代學者所共認。

基督教對自由主義的貢獻當然是多方面的，而它的人性論，卻是最重要的貢獻之一。大致而言，基督教人性論具有「雙面性」，即，正視人性的正負兩面。一方面它承認，每個人，都是上帝所造，都有靈魂，故都有其不可侵犯的尊嚴。另一方面，人又有與始俱來的一種墮落趨勢和罪惡潛能。因為人性這種雙面性，人變成一種可上可下，「居間性」的動物。

關於基督教人性論對自由憲政發展的影響，一般學者只注意到它對人性中的「靈明」和理性的肯定。這種信念與肯定，在歐洲近代演為「自然法」而影響自由憲政的發展。這是眾所皆知的。

但是，基督教人性論的另一面——它的現實性，它的幽暗意識——則往往被忽略。事實上，經過我的研究，幽暗意識對自由主義的推動，發揮了重要的功能。第一，對於人性會因權力中毒而腐蝕這一點，提出了警覺。從基督教來看，人既不可能神化，人世間就不可能有「完人」。比較起來，中國的儒家傳統與希臘的柏拉圖思想，解決政治問題途徑往往訴諸「聖王」和「哲王」的完美人格的統治者。這是和基督教大異其趣的。

其次，幽暗意識造成基督教傳統重視客觀法律制度的傾向。人性既然不可靠，權力在人手中，便很容易「氾濫成災」。因此，為了避免權力的腐化，解決之道就在於求制度上的防範。

四、初期的英美的自由憲政運動

幽暗意識的這兩項功能，可以從西方自由憲政演進史上看出來。這一演進發展，大致可分為三階段，（一）、十六世紀到十八世紀末葉，以爭取人權（civil rights）為主；（二）、十八世紀末葉到二十世紀初期，以爭取政治參與為主；（三）、二十世紀初期至今，如羅斯福新政，則以爭取社會經濟權利為主。我們先從十七、八世紀的英美憲政運動談起。這一主幹的發展從起始就和基督教的新政，尤其是新教中的加爾文教派（Calvinism）有著密切的關係。清教徒的人神對比的觀念——神是至善，人是罪惡——應用到政治上，即成為清教徒的互約論（covenantal theology），人的社會乃是靠兩種互約建立，一是人與神之間的互約，另是人與人之間的互約。總而言之，清教徒的幽暗意識隨時提醒他們，道德沉淪的誘惑，普遍地存在每個人的心中，不因地位的高低，權力的大小，而有例外，就人的罪惡性而言，人人平等！因此，他們對有權位的人的罪惡性和對一般人的墮落性有著同樣高度的警覺。

有近代自由主義之父之稱的約翰．洛克（John Lock）提出三權分立之說，不僅代表歐洲的人文理性主義，也是受到基督新教教義的影響。佛德烈克（Carl J. Friedrich）教授曾經指出：自由主義的一個中心觀念──「政府分權，互相制衡」的原則就是反映基督教的幽暗意識。

等到十七世紀，英國清教徒移民北美，在新英格蘭地區繼續傳播自由憲政的思想。及至十八世紀，歐洲盛行的啟蒙運動思想傳入北美洲，產生了相當大的影響。但是，啟蒙運動所強調的人性可臻至善的觀念，一直不能取代清教徒的幽暗意識。美國第二任總統約翰．亞當（John Adams）的思想便是一個好例子。

美國早期的自由主義的結晶是它的憲法。美國自由主義不只是思想的主流，也是社會的主流，然而若是沒有憲法的保障，則一切均將落空。美國憲法制定之初，如同英國史家布萊士（James Bryce）所指出，那些「開國之父」（Founding Fathers）的思想是帶有很濃厚的幽暗意識。他們對他們新建的國家充滿希望，但在希望中仍能正視現實，他們的基本精神是理想主義，但卻也含藏著戒慎恐懼的現實感。這在當時參與撰寫〈聯邦論文〉（Federalist Papers）的漢彌兒頓（Alexander Hamilton）、麥迪遜（James Madison）都可以看出。麥氏即曾說：「政府之存在不就是人性的最好說明嗎？如果每個人都是天使，政府就沒有存在的必要了。」這句話很清楚地顯示出他對人性戒慎恐懼的幽暗意識。

五、阿克頓爵士說，大人物幾乎都是壞人！

十八世紀以後，自由主義的人性論，因為啟蒙運動的影響，時時呈現濃厚的樂觀色彩，許多自由主義論者都認為人可以變得十全十美，人類社會可以無限進步，但是，正視人性陰暗面的現實感並未因而消失。我們可以英國十九世紀的阿克頓爵士（Lord Acton）為例證，說明近代自由主義的幽暗意識的作用。

阿克頓寫下了那句千古不朽的警句——「權力容易使人腐化，絕對的權力絕對會使人腐化！」記得，余英時先生說過，他的一位政治學家的同事曾說，阿克頓這句話勝過一千位政治學教授的著作！但是，試問這句話的思想來源在哪裡？原始基督教。他是一位天主教徒，使他對歷史與人性的黑暗面有著深刻的敏感，也使他產生這句名言的權力觀。從這種權力觀，阿克頓爵士得出這樣的一個結論：地位越高的人，罪惡性也越大。他曾很斬釘截鐵地說過這樣一句話：「大人物幾乎都是壞人！」這和中國傳統裡所謂的「臣罪當誅，天王聖明」是多麼不同！結果，二十世紀的一部歷史，不論東方西方，血跡斑斑，不就是阿克頓爵士這句名言的註腳？

從以上所說的近代西方自由憲政的發展與幽暗意識之間的關係，再來看中國的儒家傳統。

六、從憂患意識到幽暗意識

中國傳統裡有沒有幽暗意識呢？有，這是肯定的。我這麼肯定，主要是批評現代一些韋伯派對中國傳統的偏差理解。現代中外學者對中國傳統的誤解有二，一是五四時代的知識分子，另是受到西方社會科學家，如韋伯，影響的了解。韋伯派就認為傳統儒家對人性的了解太樂觀，比起西方基督教的人性論，是「幼稚的樂觀主義」（naive optimism）。像這種說法，我就不能同意。

儒家的人性論也有其兩面性。從正面看去，它肯定人性成德之可能，從反面看去，它強調生命有成德的需要就蘊涵著現實生命缺乏德性的意思，意謂著現實生命是昏暗的，是陷溺的，需要淨化，需要提升。沒有反面這層意思，儒家強調成德和修身之努力將完全失去意義。因此，在儒家傳統中，幽暗意識可以說是與成德意識同時存在，相為表裡的。

在原始儒家，我們可以看到，從正面看去，整部論語是被成德意識所籠罩，但是換一個角度去看，周初以來的「憂患意識」也貫串全書。孔老夫子，栖栖皇皇，席不暇暖，誠如他所說的，是因為「天下無道」。但是細繹論語中「天下無道」這一觀念，可以看出憂患意識已有內轉的趨勢，外在的憂患和內在的人格已被聯結在一起，外在的憂患從何而來？孔子已經開始把外在的憂患歸源於內在人格的昏暗。換言之，論語一書中已非完全承襲周初以來的憂患意識，憂患意識已漸漸轉化成為「幽暗意識」。

孔子以後，對人性的陰暗面做一種正面抉發，是荀子。但是，荀子對後世儒家傳統的形成，影響不大。真正有影響的，特別是對宋明儒學，是孟子。

孟子對於成德問題與人性論是採取正面進路，但是不可忽略的是，與孟子之樂觀人性論相伴而來的是一種幽暗意識。儘管這種意識表現的方式常常是間接的襯映，或是側面的影射，它仍顯示孟子對人性是有警覺，有戒懼的。我們可以舉孟子的一段話來看：「公都子問曰：『鈞是人也，或為大人，或為小人，何也？』孟子曰：『從其大體為大人，從其小體為小人。』」孟子認為人之自我有兩個層面，一層是他所謂的

「大體」、「貴體」，一層是「小體」、「賤體」。他也說：「人之異於禽獸者幾希！」這個「幾希」固然是孟子對成德採取樂觀之所本，但也道出了，如同他看到「小體」、「賤體」，他對人性的現實感。這就是他對人性的幽暗意識。

七、宋明儒學的「復性」思想

這種生命二元論，是整個儒家傳統形成中的一個極重要的影響。加上後來受到道家與佛教的激盪，就演成宋明儒家的「復性」思想。大乘佛學進入中國後，它的無明意識，直接間接地加深了宋明儒學的幽暗意識。佛家之人性論，強調清淨心與雜染心的區分，也影響了宋明儒家「義理之性」與「氣質之性」、「天理」與「人欲」之分。當然，宋明儒學仍然不同於佛學，仍然強調生命成德之可能，因之對生命的昏暗與人世的缺陷，只作間接的映襯與側面的影射。

宋明儒學的「復性」思想的基本前提是：生命有兩個層面——生命的本質和生命的現實。而生命的本質又是人類歷史的本原狀態，生命的現實又是人類歷史的現實過程。於是在這種前提上便出現了對生命和歷史的一種特殊了解。生命的現實——所謂

「氣」——雖然在理論上不一定是黑暗，卻常流為昏暗。因此由生命的本質到生命的現實便常常是一種沉淪。依同理，人類歷史的本原狀態和生命的本質一樣，是個完美之境，但在歷史現實過程中，卻時時陷入黑暗。在這樣的思想背景下，就形成了復性觀的主題：本性的失落與本性的復原：生命的沉淪與生命的提升。

很顯然的，復性思想是含有相當濃厚的幽暗意識。在宋明理學各派，程朱學派的幽暗意識特別突出。這主要是因為程朱學派的義理結構是以二元論的形式出現。在宇宙觀方面，它有理與氣的對立，在人性論方面，它有天理與人欲，道心與人心的對立。這種對立使得成德的艱難性在朱子思想中特別明顯。

下及晚明，連對成德充滿樂觀與自信的王學，也時流露出「學絕道喪，人心陷溺」的感喟。王學中最富樂觀精神的王畿，曾經說過：「吾人包裹障重，世情窠臼，不易出頭。以世界論之，是千百年習染；以人身論之，是半身依靠。」王門另外一位重要的人物，羅洪先即對罪咎病痛，有十分深刻人微的勘察反省。他說：「吾輩一個性命，千瘡百孔，醫治不暇，何得有許多為人說長道短邪？」這種對生命有千瘡百孔的感受，在晚明劉宗周的思想裡有更明顯的流露，造成幽暗意識在宋明儒學裡的一個空前的發展。這在他的《人譜》、《人譜續篇．紀過格》裡，可以看到。這時期的中國的幽暗意識幾乎可以和同時代的西方清教徒的幽暗意識相提並論。

八、聖王政治是爸爸政治

話說回來，儒家的幽暗意識只是間接的映襯與側面的影射，不同於基督教、佛教作正面的透視與直接的彰顯。正因為如此，儒家的幽暗意識顯然弱於其樂觀的一面。儒家雖然也強調成德的艱難感或墨子刻所謂的困境感（sense of predicament），但是到底保留了基本的理想精神與樂觀精神。

重要的是，儒家這一點的樂觀精神影響了它的政治思想的基本方向。儒家的信念是，既然人有體現至善，成聖成德的可能，想要政治清明，就應該把權力交給已經體現至善的聖賢手裡。這就是「聖王」與「德治」思想。而這種觀念，現在就應該批判啊！就因為這種「聖王」觀念，傳統儒家雖有抗議精神，道德勇氣的表現，但是也因而開不出民主政治。這種不批判嗎？儒家傳統雖然有民本思想，但是依舊是專權政治。聖王的民本政治是爸爸政治，依舊是由上而下的縱貫式政治，只不過是在上者是個好皇帝而已！這得與民主政治嚴格區分。

儒家的幽暗意識並沒有沖淡他們對人性的樂觀看法，而這種樂觀的理想人性論便決定了政治思想。儒家解決政治的方法，我謂之是「質的解決」（principle of quality），而不是「量的解決」（principle of quantity）。從純理論來說，這原是很合理的。有一位聖王出來替我們百姓解決問題，不是很好嗎？民主政治之流於暴民政治，這也是歷史事實啊！蘇格拉底不就是死於民主政治？問題是，現實上有沒有聖王？如何確認他是聖王？儒家從一開始就一直寄託於「天降聖王」的期待裡，可是歷史的黑暗事實告訴我們，「內聖外王」僅是一個理想，一個「不可能的夢」而已！為什麼由「內聖」到「外王」這條路走不通？原因就是沒有真正正視人性的黑暗面、幽暗面。

新儒家也許會反駁說，「聖王」的觀念也有其抗議批評的一面啊！可以藉此批評當時的君王行為，像朱子、王陽明，許多大儒就是如此表現過。但是事實上，他們的抗議精神仍沒有改變由上而下的專權政治結構。從《大學》一書所看到的儒家政治思想的基本模式，是由兩個觀點構成：一、人可由成德而臻至善；二、成德的人領導與推動政治以建立一個和諧社會。而貫串這二個觀點的基本信念是：政治權力可由內在德性去轉化，而非由外在制度的建立去防範。

九、現代困局的照明

總而言之，聖王的理想，大學的模式，都是儒家樂觀精神的產物，同時也反映了幽暗意識在儒家傳統裡所受到的限制。由它們對傳統的影響，我們可以看到中國傳統為何開不出民主憲政的一部分癥結，這個癥結，衡之幽暗意識在西方自由主義傳統的重要性，也就越加顯豁了。

緊湊的訪談，就在張教授滔滔流瀉的辯析之中，逐漸接近尾聲。到這裡，我們也間接明白了當前政治發展困局的一些觀念癥結。一般而言，思想史的工作者比起純粹科學、純粹哲學研究者更富有現實意識與當代意識，能夠從當下的現實處境的覺識中，向傳統發出有意義的問題，然後再由傳統問題的探索，回饋現代，照明現代！大陸政治悲劇的認識以及現階段台灣民主化運動的困局的紓解，一方面要繼續批判「聖王」、「德治」的觀念，另外應該正視人性的「幽暗」面，以「幽暗意識」支持客觀的民主制度的建立。

聯經評論

幽暗意識與民主傳統

2020年10月三版　　定價：新臺幣490元

著　　者　張　　灝
叢書主編　沙 淑 芬
校　　對　陳 佩 伶
封面設計　沈 佳 德

出　版　者　聯經出版事業股份有限公司
地　　　址　新北市汐止區大同路一段369號1樓
叢書主編電話　(02)86925588轉5310
台北聯經書房　台北市新生南路三段94號
電　　　話　(02)23620308
台中分公司　台中市北區崇德路一段198號
暨門市電話　(04)22312023
台中電子信箱　e-mail：linking2@ms42.hinet.net
郵政劃撥帳戶第0100559-3號
郵撥電話　(02)23620308
印　刷　者　世和印製企業有限公司
總　經　銷　聯合發行股份有限公司
發　行　所　新北市新店區寶橋路235巷6弄6號2樓
電　　　話　(02)29178022

副總編輯　陳 逸 華
總 編 輯　涂 豐 恩
總 經 理　陳 芝 宇
社　　長　羅 國 俊
發 行 人　林 載 爵

行政院新聞局出版事業登記證局版臺業字第0130號

本書如有缺頁，破損，倒裝請寄回台北聯經書房更換。　ISBN　978-957-08-5616-3（精裝）
聯經網址：www.linkingbooks.com.tw
電子信箱：linking@udngroup.com

國家圖書館出版品預行編目資料

幽暗意識與民主傳統/張灝著．三版．新北市．聯經．
2020年10月．272面．14.8×21公分（聯經評論）
ISBN 978-957-08-5616-3（精裝）

1.政治思想 2.自由主義 3.儒家 4.文集

570.1 109013974